CRT 1965

JEANNE.

JEANNE

PAR

GEORGE SAND.

TOME III.

BRUXELLES.

SOCIÉTÉ BELGE DE LIBRAIRIE

HAUMAN ET Cⁱᵉ.

1844

XVII

LA GRANDE PASTOURE.

Le soleil n'était pas encore levé lorsque la romanesque Marie alla trouver Jeanne dans l'étable, et, s'asseyant sur le bord de la crèche, tandis que la jeune fille trayait ses vaches, elle entra en matière par l'aventure du mont Barlot. Lorsqu'elle lui eut déclaré et assuré que Guillaume, Arthur et Marsillat étaient les auteurs du miracle dont elle avait fait l'événement capital de sa vie, la belle laitière suspendit son travail et resta comme étourdie sous cette révélation. Si toute autre la lui eût faite, elle n'y eût jamais cru ; mais elle vénérait sa jeune maîtresse presqu'à l'égal de sa patronne, la Vierge des cieux, et elle demeura comme étourdie et consternée sous le coup de la froide réalité. Vraiment, quand on ôte au paysan sa foi au prodige, il semble qu'on lui enlève une partie de son âme.

« Eh bien! ma Jeanne, dit la jeune châtelaine, tu regrettes donc beaucoup ton rêve?

— Oui, ma chère demoiselle, j'en ai du regret, répondit Jeanne. Je m'étais accoutumée à y penser tous les jours, mais si ça m'ôte un plaisir, ça m'ôte aussi une peine.

— Explique-toi clairement. Tu peux bien tout me dire, à moi, Jeanne. Tu sais combien je t'aime. Tu sais aussi que je ne me moque jamais de toi, et, bien que j'aie ignoré jusqu'ici à quel point tu croyais aux fades, je me sens moins que jamais capable de te tourmenter et de t'humilier.

— Oh! je le sais, ma chérie mignonne; vous avez trop bon cœur! Mais enfin, vous ne croyez pas les mêmes choses que nous.

— C'est vrai; mais je puis t'écouter, et peut-être adopter tes idées si elles me paraissent justes. Voyons, instruis-moi dans ta croyance comme si j'étais païenne et que tu voulusses me convertir. Apprends-moi ce que c'est que les fades.

—Eh! mam'zelle, c'est bien simple, elles sont filles de Dieu ou filles du diable. Elles nous aiment ou nous haïssent, nous soulagent ou nous tourmentent, nous conservent dans le bien ou nous jettent dans le mal, selon que nous le connaissons, et que nous nous don-

nons aux bonnes ou aux mauvaises. Quand une personne a *la connaissance*, elle fait son salut en restant
sage. Quand elle ne connaît rien, il lui vient des mauvaises pensées, et elle se laisse aller au mal sans
savoir comment.

— Eh bien! quand tu as trouvé, après ton sommeil
sur les pierres jomatres, ces pièces dans ta main, as-tu
regardé cela comme un présent des fées ou comme
un piége?

— Attendez, ma mignonne. Il faut tout vous dire.
Vous ne savez pas qu'il y a un trésor caché dans notre
pays?

— Je sais cela. Tout le monde le cherche, et personne ne le trouve. On dit aussi qu'il y a un veau
d'or massif enterré sous la montagne de Toull; que
ce veau d'or, ou ce bœuf d'or, comme vous l'appelez,
se lève, sort de son gîte caché, à de certaines époques
de l'année, particulièrement la nuit de Noël, et qu'il
se met à courir la campagne, en jetant du feu par les
yeux et par les naseaux.

— Oui, mam'zelle, c'est comme ça que ça se dit.

— On dit encore que si quelqu'un, coupable d'une
mauvaise action, vient à rencontrer *le bœuf*, le bœuf
l'épouvante, le poursuit et peut le tuer; au lieu que
si la personne est en état de grâce, et si elle marche
droit à lui, elle n'a rien à craindre. Enfin, on dit que
si cette personne a le bonheur de le rencontrer la nuit
de Noël, juste à l'heure de l'élévation de la messe,
elle peut le saisir par les cornes et le dompter; alors

le bœuf d'or s'agenouille devant elle, et la conduit à son trou, qui est justement le trou à l'or, l'endroit où gît le trésor de l'ancienne ville de Toull, perdu et vainement cherché depuis des milliers d'années.

— Oui, mam'zelle; vous savez donc tout ça?

— Je l'avais entendu raconter en plaisantant, et hier soir M. Marsillat nous a donné beaucoup de détails, et nous a assuré que presque tous les habitants de Toull et des environs croyaient fermement à cette folie, quoiqu'ils ne l'avouent pas aux bourgeois. Et toi, Jeanne, est-ce que tu y crois?

—Ma mignonne, vous dites déjà que c'est une folie! Moi, je ne dis rien là-dessus. Je ne peux pas dire que ce soit faux, ma mère y croyait. Je ne veux pas dire que ce soit vrai, monsieur le curé de Toull dit que c'est un péché. Seulement, j'ai toujours tâché de ne pas faire de mal, afin de n'être pas tuée par le *bœuf*, si je venais à le rencontrer, et de trouver le trésor, si c'est la volonté de Dieu.

— Allons! ma bonne Jeanne, tu y crois. Après?

— Après, mam'zelle? Est-ce que l'on ne vous a pas dit que pour n'être pas en danger, il faut n'avoir jamais eu de l'or tant seulement un brin en sa possession?

— C'est vrai, on me l'a dit aussi. Tu penses donc que l'or porte malheur?

— Ça, j'en suis bien sûre! Toutes les fois qu'un bourgeois en a montré à une fille, elle a quasiment perdu l'esprit, et elle s'est *rendue à lui*, quand même il était vieux, méchant et vilain. Eh bien! le jour où je trouvai de l'or dans ma main, je commençai par le jeter bien loin de moi. Et ensuite, pour qu'il ne portât pas malheur à d'autres, je fis un trou dans la terre avec mon couteau, sous la grand'pierre jomatre, et je poussai le louis d'or dedans avec mon sabot. Mais comme il y avait eu dans ma main de l'argent aussi, je ne me méfiai pas de l'argent, et je le portai bien vite à ma mère.

— Tu pensas donc de suite aux fades?

— Non, mam'zelle. Je n'y pensais pas, je n'avais pas de connaissance; je savais seulement que l'or portait malheur, et je n'en voulais point. Quand je dis à ma mère ce qui m'était arrivé, et que je lui montrai les deux pièces d'argent, elle commença à m'instruire. Elle me tança beaucoup de m'être laissée aller au sommeil sur les pierres jomatres, qui sont un mauvais endroit, et elle m'enseigna ce que je devais faire pour me sauver des mauvais esprits qui avaient agi avec moi comme s'ils croyaient m'avoir achetée. Elle fut contente de ce que j'avais laissé le louis d'or au mont Barlot et de ce que je ne l'avais pas mis dans ma poche, ni regardé avec plaisir, ni désiré de le conserver. Elle ne savait trop que dire du gros écu blanc. Ça pouvait être bon ou mauvais, mais ça pouvait aussi n'être ni mauvais ni bon, parce qu'il y a des *fadets* qui sont fous, qui aiment à s'amuser, et qui font des petites niches un peu ennuyeuses, mais pas bien méchantes; comme de vous faire chercher votre fuseau, ou de vóus casser souvent votre fil en filant; ou encore de vous défaire vos pelotons en tournant le *dévide* à l'envers, quand vous n'y faites pas attention. Nous avons donc fait bénir l'écu dans l'église, et nous l'avons mis dans le tronc aux pauvres. Quant à la pièce de cinq sous, qui était bien reluisante, bien petite, et bien jolie... il y avait l'empereur Napoléon dessus, et ma pauvre chère mère aimait beaucoup cet empereur-là. Elle disait souvent que si elle n'avait pas été nourrice, elle aurait voulu être cantinière pour aller à la guerre contre les Anglais qui ont pris et abîmé notre pays dans les temps anciens, du temps de la *Grande Pastoure.*

— Eh bien! la petite pièce de l'empereur?

— Ma chère défunte me dit comme ça : Jeanne, c'est bon, cette pièce-là, c'est du bonheur et de l'honneur. C'est la bonne fade qui, en voyant comme la mauvaise fade voulait te tenter avec de l'or, a mis dans ta main ce petit sou blanc pour te défendre. C'est pour sûr la grand'fade d'Ep-Nell qui te veut du bien, parce qu'elle sait que tu n'es pas méchante, et que tu n'as jamais fait de peine à ta mère, ni de tort à personne. Faut donc garder son cadeau, et ne jamais t'en séparer. »

Là-dessus elle perça le petit sou blanc et me le fit attacher à la croix de mon chapelet avec la petite médaille de la bonne sainte Vierge qui commande à toutes les bonnes fades. Et tenez, mam'zelle, je l'ai bien toujours. Le voilà au bout de mon chapelet, dans ma poche; la nuit je le passe à mon cou, et comme ça je ne le quitte jamais. »

Et Jeanne montra à sa jeune amie un petit chapelet de ces graines grisâtres, qui croissent dans nos champs et dont je ne sais plus le nom. L'humble offrande de sir Arthur y était attachée par un petit anneau de fer.

« Voilà, ma mignonne, reprit Jeanne, l'histoire des trois pièces, qui m'a tant fait faire de prières, parce que je croyais que c'était un miracle, et qui m'a souvent aussi donné la peur. Vous dites que ça n'en est pas un. Eh bien! vous vous trompez peut-être. Les fades peuvent bien s'en être mêlées et avoir fait choisir à ces trois monsieurs, sans qu'ils le sachent, la pièce qui pouvait me porter malheur ou bonheur.

— Et sais-tu, ma pauvre Jeanne, de qui te vient ton cher petit sou blanc?

— Ça doit être de mon parrain!

— Eh bien! non, c'est du monsieur anglais.

— De l'Anglais? Ah! dit Jeanne étonnée, un Anglais peut-il porter bonheur à une chrétienne?

— Tu crois donc qu'un Anglais n'est pas un chrétien?

— Je ne sais pas.

— Je t'assure qu'ils sont aussi bon chrétiens que nous, Jeanne!

— Je sais bien que ça se dit comme ça, à présent, mam'zelle; mais du temps de votre papa que vous n'avez guère connu, ça se disait autrement. Savez-vous pourquoi ma mère aurait voulu que je vienne à attraper le *bœuf* et à trouver le trésor?

— Voyons!

— Elle disait que le trésor était si gros, que personne n'en verrait jamais la fin; qu'il y aurait de quoi rendre heureux tout le monde qui est sur la terre; qu'il y aurait encore de quoi payer une grosse armée pour renvoyer les Anglais de la France, car ils étaient les maîtres à Paris, à ce qu'il paraît, dans le temps où elle me disait ça.

— Et pourquoi haïssait-elle ainsi l'Angleterre?

— Dame, mam'zelle, elle avait appris ça chez vous, du temps qu'elle y élevait votre frère. Votre défunt papa, qui était un grand militaire (qu'on dit), leur faisait la guerre, et votre maman, qui avait toujours peur qu'on ne le tue, les haïssait à mort. Alors quand l'empereur a été renvoyé et *mis dans une cage de fer* par les Anglais, ma mère a pleuré, pleuré, et moi aussi je pleurai de là voir pleurer. Et puis quand on disait que les Anglais avaient amené de leur pays un roi anglais et qu'ils l'avaient mis à Paris pour commander aux Français, elle se fâchait, et elle disait comme ça: « Ah! ma pauvre chère dame de Boussac doit avoir rudement de chagrin! » Aussi, mam'zelle, j'ai été bien étonnée quand je suis venue ici et que j'ai entendu dire à votre maman qu'elle aimait Louis XVIII, le roi anglais; et je ne savais quoi penser de voir qu'il y avait son portrait dans sa chambre, et qu'on avait mis le portrait de l'empereur dans le grenier. Aussi je l'ai mis dans ma chambre, moi, sans qu'elle le sache, et je ne crois pas qu'il y ait de mal à ça.

— Non, sans doute. Moi aussi, j'admire et je plains le grand Empereur. Mais prends garde que madame de Charmois ne découvre que tu honores ainsi son portrait, car elle n'aurait pas de cesse que maman ne le fît brûler.

— Aussi, mam'zelle, je le cache tous les matins avec un tablier que j'accroche dessus. Mais le soir, quand je reviens dans ma chambre, je le regarde, et ça me fait plaisir. Dame! écoutez donc, mon père aussi avait été soldat du temps de la république et sous l'empereur; il avait été dans un pays qu'on appelle l'Italie, et il s'était bien battu. Je ne l'ai pas beaucoup connu non plus; mais je sais bien qu'il n'aimait pas les Anglais, et il y avait dans notre maison une image de l'empereur qui a brûlé avec tout le reste.

— Ainsi tu songes à faire la guerre aux Anglais, Jeanne? Quand tu auras trouvé le trésor, tu achèteras une grosse armée, et tu te mettras en campagne sur un beau cheval blanc, comme Jeanne d'autrefois, la belle Pastoure qui a délivré notre pays des habits rouges?

— Oh! mam'zelle, comment donc que vous savez ces choses-là? J'en rêve toutes les nuits, et mêmement quelquefois, quand je suis tout éveillée, et que je regarde mes bêtes, je m'imagine que je vois arriver tout ça. Cependant je n'en parle jamais à personne.

— Mais moi, Jeanne, je te devine et peut-être que

je fais des rêves semblables de mon côté. On ne peut pas être si près de Saint-Sévère sans s'émouvoir au récit de ce qui s'y est passé. On dit qu'il y a à Toull des lions que les Anglais y avaient fait tailler dans la pierre, pour humilier le pays, et que tous les jours on leur donne encore des coups de sabot.

— Ah! mam'zelle, je vois bien que vous êtes comme moi! Ma mère m'a dit que votre grand'père avait été très-ami avec la Grande Pastoure, et qu'il était aussi un grand soldat enragé contre les Anglais.

— Mon grand'père?

— Oui, Mam'zelle, un seigneur de Boussac. Elle avait entendu dire ça dans la maison d'ici.

— Ces choses-là sont beaucoup plus anciennes que tu ne penses, Jeanne; mais n'importe. Il y a eu en effet dans notre famille un maréchal de Boussac qui fut le compagnon de la Pucelle, et je sens comme toi, Jeanne, qu'il serait doux de mener cette belle vie. Mais cela n'est plus de notre temps, mon enfant. Nous voilà en paix pour longtemps, pour toujours peut-être, avec l'Angleterre. Nous sommes sensés libres, et les Anglais ne viendront plus ouvertement nous faire la loi. Il convient à une bonne chrétienne comme toi de ne plus les haïr et de ne plus songer à lever une armée contre eux.

— Ça ne vous va donc pas, mam'zelle, ce que j'ai dit? Je vous en demande pardon.

— Cela me va beaucoup au contraire, tes idées, ma bonne Jeanne, et je t'aime davantage d'avoir toutes ces imaginations. Mais tout cela est impossible, et d'ailleurs il y a de bons Anglais qui nous aiment, et qui pleurent l'empereur Napoléon.

— Vrai, mam'zelle? il y en a? Oh! il faudrait faire grâce à ceux-là.

— Certainement, Jeanne, et tu dois commencer par notre ami M. Harley, qui admire la belle Pastoure et l'empereur autant que toi.

— Si, pourtant, dit Jeanne en hochant la tête, les Anglais les ont fait mourir tous les deux. Ils ont brûlé la Grande Pastoure parce qu'elle avait la connaissance!

— M. Harley la révère comme une martyre et comme une sainte, je t'en réponds.

— Oui-da! c'est donc un bien brave homme, cet Anglais-là?

— Le meilleur, le plus sage, le plus humain qui soit sur la terre, Jeanne.

— Ça me fait plaisir. Je n'ôterai pas son petit sou blanc de mon chapelet.

— Garde-t'en bien! tu lui ferais trop de peine.

— Et à cause donc, mam'zelle?

— Parce qu'il t'aime, Jeanne.

— Il m'aime! C'est donc vrai qu'il a connu ma mère?

— Je ne sais pas, mon enfant, mais il t'aime beaucoup.

— Et pourquoi donc?

— Parce qu'il aime ce qui est bon et beau. Qui se

ressemble s'assemble, Jeanne! N'est-ce pas vrai? »

Mademoiselle de Boussac continua sur ce ton, au grand étonnement de Jeanne, qui se confondait en remerciments, sans rien comprendre à l'affection dont elle était l'objet. Mais elle l'acceptait comme la marque d'une grande bonté, et prêtait l'oreille d'un air naïf au panégyrique que sa jeune maîtresse lui traçait sur sir Arthur. Mais quand Marie essaya de faire expliquer Jeanne sur les sentiments qu'il lui inspirait, elle s'aperçut qu'elle perdait du terrain au lieu d'en gagner, et qu'une sorte de méfiance et d'effroi, sentiments bien contraires à ses dispositions habituelles, s'emparait de la jeune fille.

« Voilà déjà deux fois, mam'zelle, que vous voulez trop me faire dire ce que j'en pense, dit-elle; je ne sais pas pourquoi vous vous inquiétez de ça.

— Mais voyons, Jeanne, reprit mademoiselle de Boussac, je suis une fille à marier, moi, et je puis, d'un jour à l'autre, être demandée par quelqu'un.

— Oh! si c'est pour me faire causer que vous me questionnez comme ça, répondit Jeanne, qui donna avec simplicité dans cette petite ruse, je vois bien qu'il faut que je retienne ma langue, car peut-être que je vous ferais de la peine sans le savoir.

— Nullement, Jeanne; je suis comme toi, fort peu pressée de me marier, et je ne me sens éprise de personne. Aussi tu peux parler, et je te consulte.

— Oh! moi, mam'zelle, je ne me permettrais pas de vous conseiller!

— Tu ne m'aimes donc pas ?

— Pouvez-vous dire ça !

— En ce cas, parle, s'écria Marie, en lui passant un bras autour du cou, et en l'attirant auprès d'elle sur la crèche. Suppose que tu sois à ma place, et que M. Harley veuille t'épouser.

— Est-ce que je sais, moi ?

— Mais enfin tu peux bien supposer !

— Je supposerai tout ce qui vous fera plaisir, dit Jeanne, et je vous répondrai dans la vérité de mon âme : Je n'épouserais jamais ce monsieur-là ; d'abord parce qu'il est Anglais, et que je ne voudrais pas mettre au monde des enfants anglais. Je peux bien ne pas le détester, et je lui porte du respect puisqu'il est si brave homme ; mais l'épouser ! Non, quand il serait fait pour moi (mon égal), je ne voudrais pas contrarier l'âme de ma chère défunte mère et de mon pauvre défunt père. Ensuite, mam'zelle, je dirais non, parce qu'il est riche, et que ça me porterait malheur. On dit chez nous que l'argent rend fier et méchant. Je ne dis pas ça pour vous, ma bonne chère mignonne ; il n'y a rien de si bon et de si humain que vous. Mais il n'y en a peut-être pas beaucoup qui vous ressemblent, et je vois bien déjà que mam'zelle Elvire n'est pas comme vous. Et puis moi, je suis trop simple pour savoir me servir de l'argent. Je ferais peut-être du mal avec, et ma mère m'a commandé de rester pauvre. Enfin, ça ne se pourrait pas, et il y aurait quarante mille bons Anglais pour m'épouser, que je ne voudrais pas du meilleur de tous, je vous le jure sur mon baptême ! »

Jeanne parlait avec plus de vivacité que de coutume. Il y avait en elle comme une sorte d'indignation patriotique qui faisait briller son regard et la rendait plus belle encore que de coutume, quoique son expression fût changée. Marie, impressionnable comme une âme de poëte, ne pouvait s'empêcher de l'admirer, quoique son obstination l'affligeât profondément, et elle la comparait intérieurement à Jeanne d'Arc. Il lui semblait voir et entendre la Pucelle dans toute la rudesse du langage rustique qu'elle devait avoir avant de quitter la houlette pour le glaive. Ce mélange de douceur et de fermeté, de sérénité angélique et d'enthousiasme contenu, devait avoir caractérisé l'héroïne de Vaucouleurs, et la romanesque descendante du sire de Brosse s'imaginait que l'âme de la belle Pastoure revivait dans Jeanne pour se reposer de ses durs labeurs dans une vie obscure et paisible, en attendant qu'une autre transformation l'appelât à se manifester encore dans tout l'éclat douloureux de la force et de la gloire.

Cependant, après avoir raconté à son frère et à M. Harley toute cette causerie matinale avec une exactitude minutieuse, Marie osa conclure, en souriant, que sir Arthur ne devait pas désespérer de fléchir sa *bergère inhumaine*, mais qu'il faudrait du temps, des soins et de la patience.

Sir Arthur se résigna à faire prendre à son roman

une allure plus grave que le grand trot excentrique sur lequel il l'avait commencé. La difficulté imprévue de cette conquête enflamma davantage son amour, et il devint épris et sentimental comme un garçon de vingt ans. Le cerveau tout rempli de rêves poétiques et le cœur pénétré de sentiments romanesques, mais gauche, timide et embarrassé comme jamais Chérubin ne le fut auprès d'une brillante comtesse; il était pour Marie un objet d'admiration et d'intérêt, et pour Marsillat, qui observait tous ses mouvements, un type de ridicule achevé. La vérité est qu'il y avait de l'un et de l'autre chez ce bon M. Harley, et que sauf la triste figure et l'âge mûr de don Quichotte, il ressemblait un peu en ce moment au héros de Cervantes, déposant son casque et se couronnant de fleurs pour se transformer en berger.

Quant à Guillaume, il parut tout à coup comme soulagé d'un grand poids, et il se donna même la peine d'être fort galant auprès d'Elvire; et madame de Charmois, étonnée et ravie de ne pas découvrir la moindre accointance entre lui et Jeanne, commença à concevoir de sérieuses espérances.

XVIII

LA FENAISON.

Des jours et des semaines s'écoulèrent dans un calme apparent. Sir Arthur chérissait la campagne et ne s'était pas fait beaucoup prier pour passer tout l'été à Boussac. La châtelaine, comptant qu'il avait beaucoup d'influence sur son fils, avait espéré qu'il le déciderait à sortir de son apathie et à faire choix d'une carrière. Guillaume montrait chaque jour plus d'éloignement pour les divers états qu'on lui offrait, et sa mère n'espérait plus lui faire conquérir un sort brillant qu'à l'aide d'un bon mariage. Elle le promenait dans les châteaux d'alentour et attirait chez elle ses nobles voisines ; mais, à son grand déplaisir,

Guillaume, loin d'admirer leurs charmes, n'était porté
qu'à remarquer leurs défauts, et comme elle faisait
part de ses soucis à la sous-préfette, celle-ci insinuait
avec acharnement que Guïllaume devait avoir quelque déplorable inclination pour une personne d'un
rang inférieur, qu'il ne pouvait avouer. Elle nomma
même Jeanne plusieurs fois; mais comme rien, dans
l'apparence, ne justifiait cette accusation, madame de
Boussac ne voulut point y croire.

M. Harley était un mauvais auxiliaire pour ses
projets ambitieux. Il essayait parfois de se conformer
à ses intentions; mais lorsque Guillaume lui deman-
dait pourquoi il lui donnait un exemple si contraire
à ses conseils, le bon Arthur restait court, souriait,
et finissait par avouer qu'en fait de mariage, il ne
connaissait d'autre considération que l'amour. Il
était de ces Anglais qui épousent qui bon leur semble,
une comédienne, une cantatrice, une danseuse même,
pourvu qu'elle leur plaise; et comme Jeanne lui
plaisait par des qualités moins brillantes, mais plus
essentielles, il pensait faire un acte de haute raison,
en même temps que de goût, en persistant à l'é-
pouser.

Cependant il l'aimait avec patience. Il ne voulait
plus l'effaroucher par des offres soudaines. Il s'était
résigné à l'étudier de loin, afin de se rapprocher d'elle
peu à peu, à mesure qu'il trouverait dans les habi-
tudes de la vie champêtre les occasions de lui inspirer
de la confiance, et de lui parler une langue qu'elle

pût entendre. Il s'ingéniait avec une rare maladresse,
mais avec une bonne foi touchante, à deviner les
moyens de lui plaire et d'en être compris. Il s'infor-
mait de ses parents, de son pays, de ses amis toullois.
Il avait été à Toull faire connaissance avec le curé
Alain pour lui parler de son projet et le mettre dans
ses intérêts; mais sous le sceau du secret, et à la
condition que le bon desservant n'en parlerait à
Jeanne que lorsque les manières de la jeune fille lui
auraient donné quelque espérance. Il s'était fait,
dans cette occasion, le messager de Jeanne pour
porter, de sa part, l'argent qu'elle avait gagné, à sa
tante la Grand'Gothe, et comme il avait quadruplé
cette petite somme sans en rien dire à personne, et
sans s'inquiéter si cette femme n'était pas une des
plus riches du pays sous sa misère apparente, il lui
avait donné à penser, sans s'en douter, qu'il était
l'amant heureux de Jeanne, et que celle-ci avait enfin
compris le parti qu'elle pouvait tirer de sa jeunesse
et de sa beauté. Puis Jeanne ayant dit un jour devant
lui à mademoiselle de Boussac qu'une des choses
qu'elle regrettait le plus de son pays, c'était son chien
qu'elle avait été forcée de laisser au père Léonard,
parce qu'elle voyait qu'il lui faisait plaisir, sir Arthur
avait été pour acheter et ramener ce chien. Le sacris-
tain l'eût cédé de bonne grâce à Jeanne, mais il n'avait
pas refusé l'argent *du mylord*, et tout le hameau de
Toull avait été en révolution pour savoir ce que signi-
fiait une si étrange affaire, un beau monsieur achetant

fort cher un vilain chien de berger. Enfin, comme on
n'entendait venir de la ville aucun bruit fâcheux
contre les mœurs de la fille d'Ep-Nell, on en avait
conclu que l'Anglais était *imberriaque*, c'est-à-dire un
peu fou ; et chaque Toulloise qui, venant au marché
de Boussac deux fois la semaine, y rencontrait Jeanne
faisant les provisions du château, ne manquait pas
de lui parler de M. Harley en termes fort moqueurs.
On rendait pourtant justice à sa générosité : car il
semait l'argent sur ses pas, et cherchait à se faire
rendre, par les pauvres habitants de ces landes
arides, mille petits services inutiles : comme de lui
tenir son cheval pendant qu'il allait à pied un bout
de chemin, de lui donner un renseignement dont il
n'avait que faire, de lui aller cueillir une fleur ou de
lui vendre un oiseau, le tout pour avoir l'occasion de
payer d'une manière exorbitante ces malheureux
déguenillés. Mais le paysan est si rarement assisté
dans ces contrées sauvages, qu'il s'étonne et s'alarme
presque de la charité, comme d'une folie, ou d'un
piége, bien qu'il en profite avec joie.

Jeanne n'était pas moqueuse de sa nature, et les
railleries dont sir Arthur était l'objet lui inspiraient
une sorte de compassion respectueuse. « Ce pauvre
homme, disait-elle, on se moque de lui parce qu'il
est bon ! » Elle lui parlait avec une considération
particulière et l'entourait, dans son service, de pré-
venances filiales. Mais elle ne paraissait pas plus éna-
mourée de lui que le premier jour, et il attendait

avec une admirable résignation un jour d'abandon
ou d'émotion qui n'arrivait pas.

Bien qu'il n'eût confié son secret qu'à Guillaume
et à sa sœur, et qu'il se fût laissé plaisanter sur sa
lettre à madame de Charmois, sans paraître y avoir
attaché la moindre intention sérieuse, ses assiduités
à la prairie, au jardin où Jeanne ramassait les *folles
herbes* pour ses vaches, à l'étable où il venait faire.
sans aucun progrès, des études d'animaux d'après
nature, tout cela ne pouvait manquer d'être com-
menté par Claudie, et même par Cadet qui était bien
un peu épris et un peu jaloux de Jeanne, quoiqu'il
ne fût pas certain d'être précisément amoureux d'elle
ou de Claudie. Claudie avait commencé par dire que
Jeanne avait bien *de la chance*, que la mère Tula
avait eu grand'raison de prédire qu'elle trouverait le
trou à l'or, vu que l'Anglais avait plus d'écus qu'il
n'en pourrait tenir sous la montagne de Toull; mais
ne voyant pas arriver le grand événement de ce mariage qu'elle avait prédit, la première, Claudie ne
savait plus que penser, et elle eût cru que sir Arthur
voulait agir avec Jeanne comme Marsillat avait agi
avec elle, si Jeanne, dont elle ne pouvait suspecter la
sincérité, ne lui eût assuré que jamais l'Anglais ne
s'était permis de lui dire « un mot d'amourette. »

Mais Marsillat, qui revenait passer presque tous
les samedis et les dimanches à Boussac, voyait parfaitement M. Harley filer ce qu'il appelait le parfait
amour, et il n'avait pu se refuser le plaisir d'en faire

des gorges chaudes avec deux ou trois de ses amis de la ville, qui avaient répété la nouvelle en plein billard... d'où elle avait été circuler sur la place du marché... d'où enfin elle avait été, à cheval et en patache, se promener et se répandre dans les villes et villages des environs. Si bien qu'au bout d'un mois, on savait dans tout l'arrondissement et même au delà, qu'il y avait au château de Boussac un original d'Anglais, millionnaire, et assez beau garçon, qui s'était coiffé d'une servante au point de vouloir en faire sa femme. Les dames de la province qui sont, par nature et par position, fort jalouses de la beauté des villageoises et des grisettes, étaient indignées contre l'Anglais. Leurs maris abondaient dans leur sens, disant qu'on pouvait bien faire sa maîtresse d'une servante, mais que l'épouser était une preuve d'aliénation, voire d'immoralité. Les jeunes gens étaient curieux de voir cette beauté qui faisait de pareilles conquêtes, et qui, disait-on, jouait la cruelle pour être plus sûre d'être épousée. On venait de Chambon, de Bouzon, de Saint-Sévère, et même de la Châtre, où le public est plus malin et plus flâneur que partout ailleurs, pour voir la *belle Boussaquine;* et comme on la voyait fort rarement, il y en avait qui, ne voulant pas passer pour avoir fait inutilement le voyage, affirmaient qu'elle n'était pas du tout jolie, et que l'Anglais était un libertin blasé, incertain s'il devait se couper la gorge ou épouser une maritorne pour se désennuyer.

Tous ces propos n'entraient que furtivement dans le château de Boussac, grâce à Claudie et à Cadet, qui se gardaient bien d'en rien dire tout haut, défense expresse leur ayant été signifiée de jamais rapporter les sottises du dehors à l'oreille de mademoiselle de Boussac ou de son frère. Jeanne levait les épaules quand sa compagne de chambre les lui racontait, et seule, dans toute la ville, elle ne voulait ou ne pouvait croire qu'elle fût l'objet de toutes les conversations et le point de mire de tous les regards. La Charmois en assommait madame de Boussac, criait au scandale et réclamait fortement l'expulsion de Jeanne. Mais madame de Boussac, qui menait à cinquante ans, dans son vieux castel, la vie d'une jolie femme de l'empire, se levant tard, passant trois heures à sa toilette, sommeillant sur sa chaise longue et dorlotant ses migraines, était peu clairvoyante, haïssait les partis extrêmes, et trouvait d'ailleurs beaucoup plus vraisemblable que sir Arthur songeât à épouser sa fille que sa servante. L'amitié franche et ouverte de Marie et de M. Harley l'un pour l'autre, pouvait en effet donner le change, et la Charmois elle-même s'y perdait quelquefois. Guillaume aussi la jetait parfois dans l'erreur des douces illusions, en se montrant fort empressé auprès d'Elvire; il est vrai que quand il était las de se contraindre et de railler, il cessait brusquement ce jeu amer, et c'est alors que la *Charmoise*, comme on l'appelait dans la ville (où déjà elle était détestée pour ses grands airs, son caractère intrigant et sa dévotion hypocrite), retombait dans ses soupçons et dans ses colères concentrées.

Tout ce roman de sir Arthur produisit pourtant des résultats sérieux sur deux personnes dont l'une le raillait avec aigreur, et dont l'autre paraissait le blâmer tristement. La première fut Léon Marsillat, qui, piqué au jeu, et irrité dans ses instincts de lutte, eût donné son meilleur cheval, et peut-être sa plus belle cause, pour prélever sur Jeanne les droits que l'Anglais prétendait acheter de son nom et de sa fortune. Marsillat regrettait avec dépit d'avoir contribué à amener Jeanne à Boussac, où il ne pouvait l'obtenir que de sa bonne volonté, à quoi il n'avait pas réussi. Si elle eût été encore bergère à Ep-Nell, et qu'Arthur et Guillaume fussent venus la lui disputer, il l'aurait poursuivie dans le désert, et il se flattait qu'elle n'eût pas été longtemps rebelle à d'audacieuses tentatives de corruption. Mais il fallait désormais changer de moyens, ruser, attendre... Marsillat n'en avait pas le temps. Il se disait qu'il était bien fou de penser à cette péronnelle stupide, lorsqu'il avait tant d'autres affaires et tant d'autres plaisirs. Et cependant il rêvait quelquefois la nuit qu'il la voyait revenir de l'église au bras de son époux, M. Harley, et il s'éveillait en jurant et en haussant les épaules, furieux contre lui-même de ne pas avoir réussi à rendre ridicule le personnage de ce mari. Son orgueil en était mortellement blessé.

L'autre personne sur qui rejaillissait toute l'émotion du roman de sir Arthur, c'était Guillaume. Ce jeune homme avait pour Jeanne ce qu'en style de roman on peut appeler une passion. C'était cela et rien que cela, car, pour un amour profond, capable de dévouement et de courage, il était bien loin de sir Arthur, qu'il accusait pourtant dans son âme d'aimer avec un calme philosophique, et de ne pas connaître l'amour exalté. On se trompe ainsi : on prend pour l'attachement ce qui n'est que l'émotion du désir, et on traite de froideur ce qui est la sérénité d'une affection à toute épreuve. Guillaume n'eût jamais songé à épouser cette fille des champs. Il s'était laissé frapper l'imagination par sa beauté peu commune, par sa candeur touchante, et par les événements romanesques de leur première rencontre à Toull. Le dévouement qu'elle lui avait montré dans sa maladie avait flatté ensuite son innocente vanité. Il avait cru, il croyait encore n'avoir qu'un mot à dire pour la voir tomber dans ses bras. Il s'était abstenu par piété, par délicatesse; et, à force d'admirer sa propre vertu, il en était venu à s'éprendre fortement de l'objet d'un si grand sacrifice. Cependant il avait eu la résolution de se guérir de cette folie. Il s'était éloigné; il avait guéri, il avait même oublié; mais la vue de Jeanne, encore embellie et poétisée par l'affection de sa sœur, l'avait troublé dès l'instant de son retour. Et maintenant l'amour de sir Arthur réveillait le sien. Jeanne inspirant des sentiments si profonds et des projets si sérieux, acquérait à ses yeux un nouveau charme et un nouveau prix; et comme il

s'imposait le devoir de ne pas empêcher son mariage,
il s'excitait lui-même, d'une manière vraiment pué-
rile et maladive, à la désirer, tout en s'imposant de
renoncer à elle. Sa fantaisie devenait une idée fixe,
une perpétuelle rêverie, une souffrance fiévreuse, une
passion en un mot, puisque nous l'avons nommée
ainsi, faute d'un nom qui peignît cette affection à la fois
brutale et romanesque, particulière à la situation et
à la nature d'esprit de notre jeune personnage. Il voulait parfois s'en distraire sérieusement, en essayant
de faire la cour à mademoiselle de Charmois ; mais
Elvire, avec ses talents frivoles, ses toilettes effrenées,
et son caquet frotté à l'esprit des autres, était si infé-
rieure à Jeanne, que Guillaume avait bientôt des remords d'avoir cherché à comparer la demoiselle à la
paysanne. Elvire était tout à fait dépourvue de charme.
On n'avait développé en elle que les instincts égoïstes,
les goûts d'ostentation et les préjugés étroits. La bonne
Marie elle-même, tout en blâmant les cruels railleries
de Guillaume sur son compte, ne pouvait réussir à
l'aimer.

Un jour l'agitation amassée dans le cœur de Guillaume devint si forte, qu'elle faillit déborder. On était
au temps des fauchailles, et on rentrait le foin de cette
grande et belle prairie voisine du château où Jeanne
avait gardé ses vaches dans les *bordures* seulement,
durant toute la jeune saison des herbes. Ce fut un
grand amusement pour toute la jeunesse du château,
maîtres et serviteurs, de grimper sur le char à bœufs,

et de manier avec plus ou moins d'adresse et de légèreté la fourche et le râteau. Cadet conduisait les con-
vois, l'aiguillon à la main, fier comme un empereur
d'Orient. Sir Arthur, comme le plus robuste, occupait le haut de l'édifice savamment équilibré et tassé
par lui sur la charrette. Le bon Anglais était un peu
vain de la facilité avec laquelle il avait acquis ce talent rustique, en regardant comment s'y prenaient
les garçons de ferme. Il avait endossé une blouse de
grosse toile bleue, et, coiffé d'un chapeau de paille
tressé aux champs par les petits pastours, il déployait
complaisamment la vigueur de ses muscles, et se ré-
jouissait de hâler ses belles mains, dont il avait eu
tant de soin jusqu'alors, mais dont il craignait que
Jeanne ne méprisât la blancheur efféminée.

« Vous travaillez *trop bien !* lui disait Jeanne, naïvement émerveillée de sa force et de son ardeur : jamais je n'ai vu un *bourgeois se prendre* (s'en acquitter)
si bien. Vois donc, Claudie, si on ne dirait pas que
ce monsieur est un homme comme nous ? »

Aucune parole ne pouvait être plus douce à l'oreille
de sir Arthur. Déjà il se rêvait propriétaire d'une
bonne ferme de la Marche ou du Berry, vivant à sa
guise, en bon campagnard, loin du monde dont il
était las, serrant lui-même ses récoltes, travaillant
comme un homme, avec ses métayers, enrichissant ses
colons, faisant le bonheur de toute sa commune, et
goûtant lui-même la plus grande félicité auprès de sa
belle et robuste compagne. Voilà la vie que j'ai tou-

jours rêvée, pensait-il, et Dieu me la doit pour être
resté fidèle à ces goûts simples et à l'amour de la nature embellie par le travail de l'homme. Tandis qu'Arthur, le front baigné de sueur, et les yeux brillants
d'espérance, échangeait avec Jeanne des regards bien-
veillants, des paroles enjouées et de grandes *fourchées*
de foin, les bœufs, enfoncés jusqu'aux genoux dans
le fourrage qu'on leur livre à discrétion ce jour-là,
pour les distraire de *la mouche* qui les harcèle, se-
couaient de temps en temps leurs belles têtes accou-
plées sous le joug, et imprimaient au charroi un
mouvement de tangage qui faisait tomber souvent sur
ses genoux l'aimable Marie, perchée auprès de sir
Arthur sur l'*avant* de l'édifice. Cette jeune fille, trop
frêle pour supporter la chaleur, folâtrait autour des
travailleurs, grimpait ou descendait légèrement, en
posant ses petits pieds sur les épaules de son frère,
allait donner un ou deux coups de râteau auprès de
Claudie, puis, tout d'abord essoufflée, se laissait tomber en riant sur les petites meules d'attente appelées
miloches, en terme du pays. Claudie, alerte et court-
vêtue, était vermeille comme une cerise, et mettait,
comme sir Arthur, de la coquetterie à montrer sa
prestesse et son ardeur. Elvire était aussi robuste
qu'une villageoise ; mais trop serrée dans son corset
pour avoir les mouvements libres, elle était, à chaque
instant, rappelée par sa mère qui, assise sur le foin,
et grillant sous son ombrelle, trouvait que la pauvre
fille devenait rouge comme une pivoine et ne parais-

sait pas à son avantage, ainsi fardée plus que de raison par le soleil de juin.

. Guillaume avait mis veste bas, et, faisant luire au soleil l'éclat de sa chemise de batiste, découvrait son cou blanc comme celui d'une femme. Il était vraiment le plus beau jeune homme qu'on pût voir; mais Claudie le trouvait trop mince, et l'air de tendre commisération avec lequel elle lui disait : « Vous vous échaufferez, monsieur Guillaume, » l'humiliait par la comparaison qu'il faisait de sa frêle organisation avec la taille carrée de l'Anglais. (*S'échauffer*, c'est prendre un coup de soleil et la fièvre.)

Rebuté de voir que Jeanne ne quittait pas le travail de passer le foin au *rangeur*, et qu'elle était ainsi en rapport continuel de regards et de paroles avec sir Arthur, il prit une branche, et, se plaçant à la tête des bœufs, il s'amusa, sous prétexte de les soulager des mouches, à leur faire secouer rudement le char, et par conséquent son rival. Sir Arthur ne s'en impatientait pas, et rien ne put lui faire faire une chute ridicule. Il riait et assurait avoir le pied marin.

Madame de Boussac se tenait à l'écart, sous un massif d'arbres, et causait avec Marsillat d'une affaire d'intérêt. Ce dernier se rapprocha enfin de Guillaume, et lui demanda ce qu'il trouvait de si intéressant dans le visage des bœufs, pour rester là, insensible à d'autres visages, beaucoup plus intéressants dans leur animation.

« Vous n'êtes pas artiste, lui répondit le jeune

homme, affectant de ne pas comprendre, et cherchant
à se distraire du véritable sujet de ses préoccupations
pour admirer ces faces bovines si bien coiffées dans
notre pays, et si calmes dans leur puissance. Oui, je
comprends que Jupiter ait pris cette forme dans un
jour de poésie. Il y a du dieu dans ce large front si
bien armé, et dans cet œil noir à la fois si fier et si
doux. Il y a de l'enfant aussi dans ces naseaux si
courts et dans le poil fin et blanc qui entoure propre-
ment cette lèvre délicate. Il y a du paysan dans ces
genoux larges et rapprochés, dans la lenteur de cette
démarche tranquille. Il y a du lion dans cette queue
vigoureuse qui fouette l'échine toujours noueuse et
sèche. Oui, c'est un bel animal! Le fanon est magni-
fique et le flanc a un développement immense. On
prétend que la face est stupide; c'est faux, elle exprime la force et l'innocence, elle a du rapport avec
la physionomie de l'homme qui cultive la terre et sou-
met l'animal. Voyez comme nos paysans entendent
bien l'art sans le savoir! Quel peintre, quel sculpteur
eût imaginé cette coiffure d'un style si large et si simple! Ce *frontal* de paille tressée qui ressemble à un
diadème, et cet entre-croisement ingénieux des cour-
roies qui embrassent les cornes et le joug! Vraiment
ceci doit être de tradition antique, et jamais le bœuf
Apis n'a été plus majestueusement couronné.

— C'est très-joli, ce que vous dites là, repartit
Marsillat en souriant. C'est de la poésie, c'est de l'art;
mais il y a de la poésie ailleurs, et mon sentiment

d'artiste préfère d'autres modèles. Tenez, Guillaume,
regardez Jeanne! cette belle fille si douce et si forte
aussi! Forte comme un homme! Voyez! elle enlève
cinquante livres de foin au bout de la main, et cela
toutes les trois minutes depuis le lever du soleil jusqu'à son coucher...

— Oh! je crois ben! s'écria Cadet, qui avait écouté
avec stupéfaction les belles paroles que Guillaume
avait dites sur les bœufs, mais qui comprenait beaucoup mieux l'éloge de Jeanne par Marsillat. Monsieur
Léon, c'est la fille la plus forte que *j'asse pas counais-
sue.* Elle lève six boisseaux de blé et alle se les fiche
sur l'épaule aussi lestement que moi, foi d'homme!
ah! la belle fille que ça fait!

—Eh bien! Cadet a le sentiment poétique à sa manière, reprit Léon; mais ne sauriez-vous rien trouver,
Guillaume, pour louer Jeanne aussi agréablement que
vous l'avez fait pour ces grandes bêtes cornues? Est-ce
qu'il n'y a pas dans Jeanne une meilleure part de la
divinité? Puissante comme Junon ou Pallas, fraîche
comme Hébé, gracieuse comme Isis, la messagère des
dieux. Voyons, je ne suis pas poëte, moi, je ne fais pas
de ces métaphores-là quand je plaide; mais si j'étais
vous, j'aurais remarqué dans cette créature rustique
mille beautés auxquelles vous ne daignez pas prendre
garde. Comme elle est bien vêtue ainsi! Le bon Dieu
devrait toujours secouer sur nous les rayons du soleil
d'été, afin que toutes les femmes adoptassent ce costume
élémentaire. Rien qu'une courte jupe et une chemise!

convenez que c'est charmant ! Vous parlez d'antiques !
Ceci est chaste et voluptueux comme l'antique : on
ne voit rien et on devine ce torse admirable : la chemise monte et agrafe au cou, les manches au poignet ;
l'étoffe n'est ni fine, ni transparente ; mais ce gros
tissu de chanvre usé a la blancheur et le moelleux des
draperies grecques. Et quelle statue de Phidias que
Jeanne ! Ses belles formes se dessinent dans ses mouvements libres et agiles. Regardez si la jeune Charmois
n'a pas l'air d'une poupée de cire à côté d'elle ! Oui,
oui, je vous dis que cela est plus beau qu'un bœuf,
car il y a là aussi de la déesse et de l'enfant. Rappelez-
vous la druidesse des pierres jomatres ; c'était Velléda,
et pourtant c'était Lisette ! Les jolis naseaux courts et
la lèvre délicate du bœuf n'attirent ni mon souffle,
ni mes lèvres, je vous jure, au lieu que ce profil olym-
pien et ces lèvres de rose... »

Guillaume tourna brusquement le dos à Léon sans
écouter le reste de sa phrase. Il courut offrir son bras
à sa mère qui regagnait le château. Marsillat lui était
odieux. Tout le temps qu'avait duré sa brûlante des-
cription, il avait eu un sourire et des regards diabo-
liques. Tout cela semblait dire à Guillaume : Tu vois
ce chef-d'œuvre de la nature, cet objet de tes secrètes
pensées !... Admire et convoite ! c'est moi qui triompherai de sa pudeur sauvage, et tu échoueras misérable-
ment en faisant de la poésie qu'elle ne comprendra pas.

Guillaume ne retourna pas au pré. Il monta à sa
chambre, et, penché sur le balcon qui domine une si

effrayante profondeur, il se livra aux plus sombres rêveries, tandis que les rires des faneuses et le cri des bouviers se perdaient dans l'éloignement.

XIX

AMOUR DE JEUNE HOMME.

Aussitôt après le dîner, où Guillaume expliqua son abattement par une forte migraine, il retourna à sa chambre, et, se sentant malade en effet, il essaya de s'endormir. Il avait des vertiges, il souffrait, et l'action de la pensée était comme suspendue en lui. Sa sœur vint le voir. Elle lui trouva de la fièvre, un peu de divagation; elle courut avertir sa mère. On envoya chercher le médecin de la ville et du château. A minuit, une attaque de nerfs se déclara; mais des soins intelligents en atténuèrent la violence. A une heure, le malade fut calme; à deux heures, il dormait profondément, et tout mouvement de fièvre avait disparu.

Le médecin se retira. A trois heures, Marie obtint que sa mère allât se coucher. A quatre heures, Marie, trop frêle pour supporter une longue veille, laissa tomber le roman qu'elle lisait. C'était *le Connétable de Chester*, et elle s'enflammait d'une amitié plus vive pour Jeanne, en suivant avec intérêt les caractères charmants de la jeune châtelaine et de sa confidente dévouée, l'aimable Rose Fleeming. Mais Walter Scott lui-même ne pouvait conjurer la fatigue de cette délicate enfant. Jeanne, trouvant sa *chère mignonne* bien pâle, la supplia d'aller se reposer aussi; et après s'être beaucoup fait prier, Marie ayant reconnu que son frère avait les mains fraîches et le sommeil parfaitement calme, céda aux instances de sa champêtre compagne. Jeanne avait un corps de fer; elle avait passé autrefois tant de nuits sur ce fauteuil, occupée à veiller son parrain dans sa cruelle maladie, qu'une de plus ne comptait pas pour elle. D'ailleurs, elle assurait que Claudie allait venir la relayer, et sir Arthur, qui avait veillé aussi jusqu'à trois heures, avait promis de revenir à six. Marie adorait son frère, mais elle avait un voile sur les yeux. Le poëme calme et pastoral dont sir Arthur était le héros l'empêchait de voir le drame inquiet et sombre où Guillaume s'agitait en silence. Si quelquefois elle avait eu des soupçons, elle les avait repoussés comme injurieux à l'amitié fraternelle. Il lui semblait si naturel que Jeanne fût aimée et recherchée en mariage par un homme riche et noble, qu'elle ne voulait pas supposer un amour moins loyal dans le cœur de son frère. Le silence de Guillaume, si confiant avec elle à tous autres égards, et l'espèce de blâme qu'il émettait sur le projet d'Arthur, l'empêchaient donc de révoquer en doute la pureté de son attachement pour sa fillœule.

Jeanne, restée seule avec le malade, ramassa le roman, et pour ne pas perdre de temps, ou pour ne pas s'endormir, elle étudia en épelant quelques lignes qu'elle ne comprit pas ; mais elle tressaillit et se leva, en entendant son parrain l'appeler d'une voix éteinte, et avec un accent douloureux.

En la voyant debout près de lui, Guillaume fit un cri et cacha son visage dans ses mains.

« Hélas ! mon parrain, je vous ai fait peur, dit Jeanne, vous m'aviez pourtant appelée.

— Je t'ai appelée, Jeanne ? dit le pâle jeune homme en laissant retomber ses mains, et en prenant celles de Jeanne, et pourtant je dormais ! Mais je rêvais de toi, et je souffrais horriblement : mais que fais-tu ici, Jeanne ? pourquoi es-tu venue dans ma chambre ? Oh ! mon Dieu ! réponds-moi !

— C'est que vous avez été un peu malade ; mais ce n'est rien, mon parrain, vous voilà mieux, Dieu merci !

— Et tu veux t'en aller ? s'écria Guillaume en lui serrant le bras avec force, tu veux me quitter ?

— Oh non ! mon parrain ! je resterai avec vous ; vous savez que quand vous n'êtes pas bien, je ne vous quitte jamais.

— Oh! oui, j'ai souffert, je m'en souviens! reprit le jeune baron. Tu n'étais donc pas là?

— Oh! si fait, mon parrain!

— C'est vrai, je t'ai vue. Je te demande pardon, Jeanne; j'ai la tête bien faible.

— Il faut prendre de la potion, mon parrain.

— Non, non, pas de potion, ne t'éloigne pas, Jeanne. Ta main dans la mienne me fait plus de bien. Et pourtant... que tu m'as fait de mal, depuis que je te connais!

— Moi, mon parrain, je vous ai fait du mal? dit Jeanne tout épouvantée. Et comment donc que j'ai eu ce malheur-là, quand j'aurais voulu mourir pour vous faire guérir?

— Jeanne! ô ma chère Jeanne! s'écria Guillaume exalté et brisé en même temps, et ne pouvant plus dominer sa passion, tu m'as fait souffrir depuis quelque temps surtout; depuis que tu ne m'aimes plus!

— Moi, je ne vous aime plus? s'écria Jeanne à son tour, suffoquée par des larmes soudaines. Qui donc a pu vous dire une pareille menterie? Il n'y a pourtant pas de méchants mondes ici!

— Tu ne m'aimes plus, depuis que tu en aimes un autre, Jeanne; avoue-le! moi, je ne peux pas me contraindre plus longtemps. Je t'adore...

— Comment que vous dites ce mot-là, mon parrain?

— C'est donc un mot que tu ne connais pas? Et pourtant M. Harley a dû te le dire.

— Oh! non, mon parrain! jamais le monsieur an

glais ne m'a dit un mot pareil; c'est un mot qui ne se dit qu'à Dieu. Mais pourquoi me dites-vous, mon parrain, que j'en aime un autre que vous? C'est donc pour me dire que je ne veux plus vous aimer?

— Tu m'as donc aimé, Jeanne? Oh! dis-le-moi!

— Mais je vous aime toujours, mon parrain.

— Tu m'aimes! et tu me le dis si tranquillement!

— Non, mon parrain, je ne vous dis pas ça tranquillement, répondit Jeanne qui croyait être accusée de froideur, et qui pleurait avec la mélancolique sérénité de l'innocence calomniée.

— Oh! non! tu ne m'aimes pas, dit Guillaume en quittant le bras de Jeanne, et en se passant la main dans les cheveux avec désespoir. Tu ne me comprends pas, tu ne sais pas seulement ce que je te demande.

— Hélas! mon petit parrain, dit Jeanne en se mettant à genoux auprès du chevet de Guillaume, il ne faut pas vous échauffer le sang comme ça; vous voilà comme quand vous étiez malade, et que vous me reprochiez toujours de ne pas vous être assez attachée. Je vous soignais pourtant de mon mieux. Ça n'est pas de ma faute, si je suis simple et si je ne comprends pas bien tous les mots que vous dites.

— Tu comprends tout, Jeanne, excepté un seul mot, aimer!

— Hélas! mon Dieu! si vous n'étiez pas malade, je vous dirais que vous êtes injuste pour moi. Mais si ça vous fait du bien de me gronder, grondez-moi donc, soulagez-vous le cœur.

— Oh! cruelle, cruelle enfant, qui ne comprend pas l'amour! s'écria Guillaume en se tordant les mains.

— Vous dites là un mot qui n'est pas joli, mon parrain. C'est des mots à M. Marsillat.

— Oh! oui, je le sais, Marsillat t'a parlé d'amour, lui aussi!...

— Il en parle à toutes les filles, mais il en parle bien mal, allez, mon parrain!

— Le misérable! il t'a insultée?

— Oh non, mon parrain. Je ne me serais pas laissé insulter. Et d'ailleurs, il ne faut pas vous fâcher contre lui. C'est un homme qui n'est pas bête et qui écoute assez la raison. Il y a longtemps qu'il ne m'ennuie plus, et mêmement un jour que je lui faisais honte de ses *folletés*, il m'a promis bien honnêtement qu'il me *lairait* tranquille dorénavant, et je ne peux pas dire que j'aie eu depuis à me plaindre de lui.

— Mais pourquoi ce mot d'amour te choque-t-il aussi dans ma bouche, dis! Allons, réponds!

— Je ne pourrais pas vous dire... mon parrain... mais ça me parait que c'est vous qui ne m'aimez plus quand vous me dites des choses comme ça.

— Jeanne, je te comprends, tu crois que je veux te tromper, te séduire...

— Oh! non, mon parrain, je ne crois pas ça de vous; vous êtes trop bon et trop honnête pour avoir ces idées-là.

— Et pourtant mon amour t'offense et t'effraye!

— Dame, mon parrain, si je suis bête, excusez-moi.

C'est un mot que nous comprenons peut-être d'une façon et vous d'une autre. Nous disons ça, nous autres, quand nous parlons des gens amoureux.

— Eh bien! Jeanne, si j'étais amoureux de toi!

— Oh non! mon parrain, ça n'est pas, dit Jeanne en baissant les yeux avec tristesse; c'est la maladie qui vous fait dire ça.

—Eh bien! oui, c'est la maladie qui me le fait dire: la fièvre est comme le vin, elle nous fait dire ce que nous pensons.

— Il ne faut pas me traiter comme ça, mon parrain, dit Jeanne d'un air sévère, malgré sa douceur, je ne l'ai pas mérité.

— Ainsi tu me repousses, tu me hais!

— Est-il possible, mon Dieu! dit Jeanne en cachant son visage baigné de larmes, dans son tablier.

— Oh! je t'offense et je t'afflige! que je suis malheureux! je m'étais égaré: tu n'as pas d'amour pour moi!

— Oh! mon parrain, je ne me serais jamais permis ça, et j'aimerais mieux mourir que de me mettre ça dans la tête.

— Que dis-tu donc? ô simple! ô folle! Tu croirais donc m'offenser, me manquer de respect, peut-être? parle, tu es folle!

— Je ne sais pas si ça vous offenserait, mon parrain; mais ça offenserait ma marraine, j'en suis sûre, et peut-être bien aussi notre chère demoiselle. Mais, Dieu merci! je suis incapable de ça! Venir dans votre maison, gagner votre argent, manger votre pain, et puis me mettre dans la cervelle d'être amoureuse de mon maître, de mon parrain! Mais ça serait un péché, et jamais, jamais, le bon Dieu sait que jamais je n'en ai eu l'idée, tant petitement que ça soit!

— Achève, Jeanne, dis-moi tout, puisque je me suis condamné à tout savoir; si j'étais amoureux de toi, comme tu dis, si je te suppliais d'être amoureuse de moi, tu n'y consentirais jamais?

— Oh! mon parrain! ne me parlez pas comme ça; on dirait que c'est vrai, et si c'était vrai, il faudrait que je vous quitte (1), et que je m'en aille bien loin, bien loin, dans mon pays, pour ne jamais me retrouver avec vous.

— Oh! ce que tu dis là est affreux! Tu voudrais, tu pourrais t'éloigner ainsi de moi... Tu en aurais la force! Et moi j'ai tenté de l'avoir, mais je l'ai tenté en vain! Il a fallu revenir. Je me suis cru guéri, je t'ai revue, et mon mal est revenu plus terrible qu'auparavant.

— Ah! mon Dieu, mon parrain, qu'est-ce que vous dites là? Vous *m'enmêlez* avec votre maladie, et c'est comme si j'avais été cause de tout! Qu'est-ce que j'ai

(1) Le lecteur me pardonnera, j'espère, de ne pas faire parler Jeanne correctement; mais bien que je sois forcé, pour être intelligible, de traduire son vieux langage, l'espèce de compromis que je hasarde entre le berrichon et le français de nos jours, ne m'oblige pas à employer cet affreux imparfait du subjonctif, inconnu aux paysans.

donc fait au bon Dieu pour qu'il vous tourne comme ça l'esprit contre moi?

— Jeanne, tu me tues avec tes paroles, après m'avoir fait mourir lentement par ta présence. Ta beauté me dévore le cœur, et ta vertu m'anéantit.

— Si je vous fais mourir, mon parrain, dit Jeanne désolée et même blessée, mais parlant toujours avec douceur, parce qu'elle croyait fermement que Guillaume était en proie à une sorte de délire, il faut que je m'en aille. Une autre personne ne vous soignera certainement pas avec plus d'amitié; mais elle aura peut-être plus de bonheur que moi, qui vous impatiente, et contre qui vous avez toujours une idée de fâcherie, quand vous êtes malade. Je m'en vas chercher Claudie ou le monsieur anglais, et je vous promets, mon cher parrain, que, pour ne plus venir dans votre chambre, pour ne plus vous servir, ce qui me crèvera le cœur, je ne vous en aimerai pas moins.

— Voilà ce que j'attendais, Jeanne! s'écria Guillaume exaspéré. Tu cherchais une occasion pour me quitter, et tu me quittes tranquillement, tu m'achèves sous prétexte de me rendre la vie. Va donc, adieu! laisse-moi! laisse-moi! je ne me connais plus! »

Et le jeune homme, un peu impérieux comme un enfant gâté, se mit à sangloter, à gémir et à se tordre convulsivement les mains.

Jeanne, effrayée, s'était levée pour aller chercher madame ou mademoiselle de Boussac, soumise à l'ordre qu'elle avait reçu de les avertir immédiatement si un symptôme alarmant se manifestait de nouveau. Mais lorsqu'elle fut sur le point de sortir de la chambre, elle s'arrêta, épouvantée de l'état violent où elle voyait le malade. Elle n'osa plus le laisser seul, et revenant vers lui, elle s'efforça, comme autrefois, d'employer les doux reproches et les maternelles prières pour l'engager à se calmer. Mais Guillaume était beaucoup moins malade et beaucoup plus amoureux que par le passé. Il pressa Jeanne contre son cœur, inonda de larmes ses mains froides et tremblantes, et quand il lui eut fait promettre de rester près de lui, ce jour-là, et *toute la vie*, las de jouer au propos interrompu comme font tous les amants timides, il s'enhardit, ou plutôt il s'égara jusqu'à lui déclarer clairement son amour, sa jalousie et même ses transports de vingt ans. Ce n'était pas le langage brutal de Marsillat, mais c'étaient des prières plus ardentes encore, et les divagations brûlantes d'un premier amour qui se sent coupable, et qui se précipite après avoir longtemps mesuré l'abîme, partagé entre le vertige, la terreur et l'entraînement.

Jeanne ne sut répondre que par des larmes, et cette sincère douleur fit croire à Guillaume qu'il était aimé, sans passion peut-être, mais avec un dévouement assez aveugle pour tout sacrifier. C'est alors que Jeanne se dégagea de ses bras et s'enfuit vers la porte, où elle se trouva tout à coup face à face et presque réfugiée dans les bras de sir Arthur.

« Hô! s'écria l'Anglais stupéfait de la terreur de

Jeanne et des cris étouffés du malade qui, à sa vue, entra dans un nouveau transport de jalousie et de désespoir.

— Monsieur Harley, ça n'est rien, dit Jeanne dont les traits bouleversés démentaient les paroles. Mon parrain est un peu malade, et vous allez tâcher de le consoler. Moi, je le fâche et je m'en vas. »

Elle courut à sa chambre et se jeta à genoux devant ses images vénérées, la vierge Marie, *reine de toutes les fades*, Jeanne la Grande Pastoure, qu'elle croyait canonisée et qu'elle appelait de bonne foi sainte Jeanne-des-Champs, s'imaginant, d'après la confusion poétique qui régnait dans le cerveau de sa mère, que c'était sa patronne, et l'empereur Napoléon, qu'elle regardait comme l'archange Michel de la France et le martyr des Anglais. Elle pleura et pria longtemps, et, quand elle se sentit plus calme, elle demanda à Dieu de lui inspirer la conduite qu'elle devait tenir dans des circonstances si cruelles et si étranges à ses yeux.

Claudie la surprit dans cette méditation.

« A quoi penses-tu? lui dit-elle; tes vaches n'ont pas encore mangé, et tu restes là à faire ta prière comme si tu étais dans l'église un beau dimanche.

— Tu as raison, ma Claudie, répondit Jeanne, je dirai aussi bien mes prières en faisant mon ouvrage. »

Et la beauté pour laquelle soupiraient un homme de mérite, un intéressant jeune homme et un brillant avocat, alla pourvoir au déjeuner de la Biche, de la Vermeille et de la Reine, les trois belles vaches confiées à ses soins.

Jeanne était au pré depuis environ deux heures, lorsqu'elle vit venir à elle sir Arthur Harley, le long des rochers qui surplombent la rivière. Elle eut envie de l'éviter. Les *messieurs* commençaient à lui inspirer la méfiance et la crainte ; mais l'Anglais avait, en ce moment surtout, une physionomie si bienveillante et si loyale, qu'elle se rassura un peu, et continua à tricoter, tandis qu'il s'asseyait à quelque distance d'elle sur le rocher.

« Ma chère mademoiselle Jeanne, lui dit-il, je viens vous parler d'une chose extrêmement délicate, et si je ne m'exprime pas bien en français, vous m'excuserez en faveur de mes bonnes intentions. »

M. Harley, qui s'exprimait fort bien en français, sauf quelques erreurs de genre et de temps, inutiles à indiquer, mettait une certaine coquetterie auprès de Jeanne à se dire ignorant, espérant par là lui faire oublier un peu la différence de leurs conditions. Mais Jeanne était moins que jamais d'humeur à oublier qu'elle devait montrer beaucoup de respect afin d'en inspirer beaucoup. Elle comprenait bien que c'était la seule égalité à laquelle elle pût prétendre sans danger ; et cependant sir Arthur méritait mieux d'elle, et elle le sentait instinctivement sans oser s'y fier.

Alors sir Arthur, avec un accent paternel, et une voix émue qui portait l'attendrissement et l'estime dans le cœur de Jeanne, essaya de la confesser. Il lui fit clairement entendre qu'il venait de deviner, d'arracher peut-être le secret de Guillaume, et qu'il dé-

sirait savoir si elle répondait à l'amour de son jeune
parrain, afin de lui donner aide, conseil et protection
dans cette circonstance, quels que fussent ses sentiments. Jeanne se défendit longtemps d'avouer le secret de son parrain, et quand elle vit que sa réserve
était inutile :

« Eh bien! monsieur, dit-elle, puisque vous me
parlez de ces choses-là comme ferait M. le curé Alain,
je vous répondrai comme à un brave homme que vous
me paraissez. C'est vrai que mon parrain se rend malheureux pour moi, mais je ne le sais que d'aujour-
d'hui; j'en ai tant de chagrin, que je suis capable de
m'en aller du château si vous me le conseillez et si
vous pensez que ça le soulage. Tant qu'à ce qui est de
moi, je l'aime beaucoup, Dieu le sait! mais je ne l'aime
pas autrement que je ne dois, et je pourrais jurer à
vous et à ma marraine que, pour être amoureuse de
lui, oh! ça n'est pas, et ça ne sera jamais. Vrai d'honneur, que je n'y ai jamais pensé une minute!

— Vous n'y avez pas pensé, Jeanne, vous ne regar-
diez pas comme possible que votre parrain fût amoureux de vous; mais à présent que vous le savez, n'y
penserez-vous pas un peu, malgré vous?

— Non, monsieur.

— Parce que vous êtes fière et sage, et que vous
craindriez de tomber dans le mépris des autres et de
vous-même. Mais si votre parrain pouvait et voulait
vous épouser, n'y consentiriez-vous pas?

— Non, monsieur, jamais.

— Parce que vous supposez que sa famille s'y op-
poserait, et que vous ne voudriez pas causer de chagrin à votre marraine. Mais si votre marraine elle-
même y consentait?

—Ça serait la même chose, monsieur.

—Vous me dites la vérité, Jeanne? la vérité comme
à un ami, comme à un frère, comme à un confesseur?

— Oui, monsieur.

—Cependant, ce dont je vous parle n'est peut-être
pas impossible. J'ai de l'influence sur madame de
Boussac; je puis réparer l'injustice de la fortune à
votre égard. Je vous l'ai dit une fois, et plus que jamais je suis votre serviteur et votre ami.

— Oh! pour vous, monsieur, vous êtes si bon pour
moi et si honnête, que je n'y comprends rien, et que
je ne sais pas vous remercier. Mais tout ça est inutile.
Je n'épouserais jamais mon parrain, quand même sa
mère me le commanderait.

—Oh! Jeanne, pensez-y! M. Guillaume est un bien
beau jeune homme; il est aimable et bon. Il a de l'esprit, il vous a rendu de grands services, et il vous
aime à en mourir.

— Que je meure donc à sa place! dit Jeanne, mais
qu'on ne me parle pas de l'épouser. »

Et elle se prit à pleurer.

« Jeanne, s'écria sir Arthur, vous êtes mariée!...

— Moi, monsieur? dit Jeanne d'un air étonné en
relevant la tête, quelle idée vous avez là! Si j'étais
mariée est-ce qu'on ne le saurait pas?

— Mais vous êtes engagée avec quelqu'un?

— Avec quelqu'un? Non, monsieur, vous vous trompez.

— Mais vous aimez quelqu'un?

— Non, monsieur, répondit Jeanne en abaissant ses longs cils sur ses joues, comme si ce soupçon l'eût offensée.

— Est-il possible, reprit l'Anglais, que vous soyez arrivée jusqu'à vingt-deux ans, belle, et aimée comme vous l'êtes, sans que jamais aucun homme ait été assez heureux pour vous inspirer la moindre préférence? »

Jeanne garda le silence un instant. Elle paraissait humiliée, et Arthur crut voir s'élever, sur ses joues pâlies par la fatigue et les larmes, une faible et fugitive rougeur.

« Non, monsieur, répondit-elle enfin; vous me faites de la peine en me questionnant comme ça. Je n'ai jamais fâché ma conscience, et je n'ai jamais été amoureuse de ma vie. Je vois bien que vous voulez savoir si je peux consoler mon parrain de sa peine; mais ça n'est pas possible. S'il veut me *garder dans son idée*, il faut que je m'en aille.

— Jeanne, s'écria sir Arthur profondément ému et troublé, je ne puis, je ne dois rien vous conseiller dans ce moment-ci. Je suis l'ami de Guillaume, je l'aime presque plus que moi-même; sa souffrance retombe sur mon cœur, et je ne sais comment la guérir. Je ne vous demande qu'une chose, c'est de ne pas oublier que je suis votre ami le plus dévoué et le plus sûr. Si vous quittez cette maison, et que je n'y sois plus moi-même, promettez-moi que je saurai où vous êtes, et que vous me permettrez de vous aller voir. J'ai, moi aussi, un secret à vous confier ; mais un secret qui ne vous fera pas rougir, je vous le jure sur mon honneur.

— Où voulez-vous que j'aille, sinon dans mon pays de Toull-Sainte-Croix ? répondit Jeanne. J'irai là me louer dans quelque métairie du côté de la Combraille, parce que les herbes y sont bonnes et que j'aime à voir les bêtes que je soigne bien nourries. Quant à vous dire de venir me voir, ça ne se peut pas, monsieur : ça ferait mal parler de moi et de vous aussi ; mais si vous avez quelque chose à me commander, vous pourrez l'écrire à monsieur le curé de Toull. Il sait très-bien lire l'écriture, et il me dira ce que vous voudrez me faire assavoir.

— A la bonne heure, Jeanne, » répondit M. Harley, de plus en plus ému ; et il fit un mouvement pour lui prendre la main en signe d'adieu. Mais il craignit, dans les circonstances où se trouvait la pudique Jeanne, de lui ôter la confiance qu'elle avait en lui, et l'ayant saluée avec autant de respect que si elle eût été une grande dame, il s'éloigna précipitamment, résolu à quitter Boussac le jour même, pour soulager au moins son jeune ami du tourment de la jalousie.

Jeanne, restée seule, rêvait à ce qui venait de troubler mortellement la sérénité de sa vie, et à la douce commisération de l'Anglais pour sa peine, lorsqu'elle aperçut, au bas des rochers, un homme mal vêtu, qui rampait et grimpait comme un renard. Il avait une ligne à la main et un panier qu'il posait près de lui de temps en temps, lorsqu'il avait réussi à atteindre une roche faisant marge au torrent. Cet endroit est si escarpé que personne n'y passe jamais. A la frontière, ce serait un sentier de contrebandiers. Au voisinage d'une ville, c'est le passage d'un voleur ou d'un espion. Son grand chapeau sale et bosselé lui tombait sur les yeux et Jeanne ne pouvait voir sa figure, de la hauteur où elle observait ses mouvements. Il lui sembla pourtant reconnaître les allures incertaines, tantôt lentes et tantôt rapides, du père Raguet. Il ne pêchait pas, et semblait étudier le terrain ou guetter les passants de l'autre rive.

Jeanne, inquiète, s'éloigna et poussa ses vaches de l'autre côté de la prairie. Ce Raguet lui causait de la frayeur sans qu'elle pût dire pourquoi. Il vivait toujours avec sa tante, et il avait dû participer aux envois d'argent que Jeanne, trompée par l'apparence, avait faits à la Grand'Gothe pour l'empêcher de tomber dans la misère.

Lorsqu'elle rentra, elle s'informa de la santé de son parrain. Marie était triste, elle trouvait son frère abattu et agité tour à tour. Il disait des choses bizarres, il s'inquiétait du moindre bruit dans la maison, il avait demandé plusieurs fois où était Jeanne. Jeanne trouva divers prétextes pour ne pas paraître devant lui, comme Marie le désirait. M. Arthur écrivait des lettres;

il paraissait préoccupé. Il venait à chaque instant voir
le jeune malade et consulter le médecin. Enfin dans
l'après-midi il prétendit avoir affaire à Chambon, chez
un notaire qui lui offrait un placement de fonds ter-
ritorial; il fit une toute petite valise, monta à cheval,
promit de revenir dans deux ou trois jours et prit la
route du Bourbonnais.

La nuit venue, Jeanne alla au pré ramasser des pièces de toile neuve qu'elle y faisait blanchir, et qu'elle
y laissait souvent la nuit impunément. Mais l'homme
qu'elle avait aperçu dans les rochers lui revenait à
l'esprit, et pour rien au monde elle n'eût voulu que le
linge de la maison disparût par sa négligence.

La lune se levait et projetait de grandes ombres vagues sur la prairie, lorsqu'elle se mit à relever et à
rouler sa toile. Mais elle faillit la laisser tomber et
prendre la fuite, lorsqu'elle entendit la voix de Raguet
murmurer derrière:

« Attends, la belle Jeanne, attends! je m'en vas
t'aider.

— Qu'est-ce que vous voulez, et qu'est-ce que vous
faites ici? lui demanda Jeanne en essayant d'affermir
sa voix, et en jetant sur son épaule la toile déroulée
qui s'embarrassait dans ses pieds.

— Ce n'est pas moi que tu croyais trouver ici? reprit Raguet d'un ton goguenard. Mais ton galant vient
de partir, Jeanne. Il s'en va sur un grand chevau jaune.»

Jeanne ne s'amusa pas à discourir, et reprit, en
doublant le pas, le sentier qui conduisait au jardin.

« Tu as peur des voleurs de toile, la belle Jeanne ?
dit Raguet en la suivant. Tu ferais mieux d'avoir peur
de ceux qui volent le cœur des filles. »

Et au bout de trois pas, il reprit :

« C'est donc vrai que tu vas épouser un Anglais, la
belle Jeanne ? Qu'est-ce que ta mère aurait dit de ça ?

— Vous mentez, dit Jeanne qui se rassurait à mesure qu'elle approchait du jardin ; je n'épouse personne.

— On dit pourtant que tu vas devenir bien riche et
que tu l'es déjà. Je compte bien que tu n'oublieras pas
tes parents, quand tu seras bourgeoise ?

— Vous ne m'êtes rien, dit Jeanne, et ça ne vous
regarde pas.

— L'Anglais s'en va sûrement à Toull-Sainte-Croix
pour faire publier les bans, dit encore Raguet qui,
selon sa coutume, se faisait un plaisir d'effrayer les
gens en les suivant le soir à pas de loup, et en leur
tenant des propos pour les intriguer. Mais tu aurais
dû te marier sur une autre paroisse, Jeanne. Ça fera
trop de peine au curé Alain. Sûrement que tu iras
aussi demain au pays de chez nous ? Depuis vingt mois
qu'on ne t'a pas vue, ta tante est tombée *en misère* (1).
Les fièvres ne la lâchent pas. Je compte ben que tu
ne la *lairas* pas mourir sans venir lui dire bonsoir ?

— C'est-il vrai ce que vous dites là ? demanda
Jeanne en s'arrêtant, car elle avait gagné la porte du

_____

(1) Malade en langueur.

jardin, et elle la tenait entre-bâillée entre elle et le rôdeur de nuit. Ma tante est-elle malade?

— Puisque ton Anglais s'en va à Toull, tu peux ben lui faire demander par queuque-z-uns si c'est vrai.

— Mais il ne va pas à Toull, ce monsieur?

— Tu sais ben que si! puisque je l'ai rencontré *au droit* des pierres jomatres.

— Il va à Chambon ou à Bonat. Je ne sais même pas où il va; mais je saurai bien si vous me mentez, et si ma tante est malade.

— Oh! oui, répondit Raguet, tu sauras ça quand elle sera morte.

— Mais si elle est *en misère*, comment donc que vous n'êtes pas avec elle, vous? Elle a bien mal fait de se retirer chez vous, puisque vous la soignez si mal!

— Moi! dit Raguet, je ne suis plus avec elle! Il y a deux mois que je l'ai laissée là.

— Et où donc demeure-t-elle à présent, ma pauvre tante?

— Qu'alle demeure dans le trou aux fades ou dans le mitan du grand vivier, si ça lui plaît, je ne m'en embarrasse pas.

— Eh bien! vous êtes un vilain homme; je le savais bien!» répondit Jeanne en lui fermant la porte au nez; et elle revint à la maison, incertaine si elle courrait chercher sa tante le lendemain, et si elle ajouterait foi aux méchantes paroles de Raguet.

XX

ADIEU A LA VILLE.

Guillaume s'était levé dans la soirée. Il s'était beaucoup raisonné, il paraissait mieux. Mais quand il apprit que sir Arthur était parti, il comprit la conduite généreuse et délicate de son ami, et ressentit de grands remords de la sienne propre. « Qui sait, pensait-il, jusqu'où peut aller la magnanimité sublime d'Arthur? Il a deviné mon secret, et il renonce peut-être à Jeanne pour toujours. Il voit que je l'aime, et il croit que je suis, comme lui, capable de l'épouser! L'épouser!... Eh! si elle m'aimait, si elle pouvait être heureuse avec moi, pourquoi donc n'aurais-je pas, moi aussi, ce courage et cette loyauté? Malheureux in-

sensé j'ai tenté de l'égarer, de la séduire, et la pensée
de lui offrir un amour digne d'elle et de moi n'ose se
fixer dans mon esprit inquiet et lâche ! Et d'ailleurs,
pourrai-je accepter le sacrifice de mon ami ? Après
avoir été le confident de son amour, irai-je combattre
et détruire à mon profit ses espérances ? Irai-je offrir
à Jeanne un cœur incertain et tourmenté, l'indignation de ma mère, mille obstacles à braver, mille per-
sécutions à endurer peut-être, en échange de l'avénir
sans nuage que lui offre le noble Arthur ? »

En proie à toutes les anxiétés de sa faiblesse et à
tous les reproches de sa conscience, le triste enfant
alla dévorer ses larmes et son agitation sur son chevet. On fut encore inquiet de lui. Le médecin vint
encore, et, ne le trouvant pas réellement malade,
insinua que quelque cause morale produisait ce désordre. Guillaume fit des efforts inouïs pour cacher son
supplice. Interrogé tendrement par sa mère et sa
sœur, au lieu d'épancher son âme, il rendit, par sa
feinte, tout aveu ultérieur à peu près impossible. Il
les conjura de ne plus s'occuper de lui, espérant qu'on
lui enverrait Jeanne pour le veiller encore, et qu'il
pourrait réparer sa faute en rétractant sa conduite
insensée et en l'attribuant au délire de la fièvre. Mais
à la place de Jeanne, Claudie vint s'asseoir dans le
grand fauteuil ; Jeanne était, disait-elle, trop fatiguée
pour veiller encore cette nuit. Guillaume, qui l'avait
vue infatigable durant des mois entiers, comprit son
arrêt, et s'y soumit avec une amère douleur.

« Mon amie, vous me voyez accablée de chagrin, disait le lendemain matin madame de Boussac à la sous-préfette. Mon fils a l'esprit décidément frappé de je ne sais quelle idée noire. Le médecin, ne lui trouvant pas de maladie réelle, s'étonne, et parle de désordre moral. Suis-je condamnée à voir Guillaume tomber peu à peu dans un état pire pour lui que la mort? Plaignez-moi, rassurez-moi, et vous qui pénétrez et découvrez tant de choses, éclairez-moi, enfin, si vous le pouvez.

— Ma chère, je vous l'ai dit cent fois, répondit la sous-préfette, le remède nécessaire à votre fils, c'est le mariage. Vous l'avez élevé comme une demoiselle, vous l'avez fait pieux et sage, c'est fort bien; mais si vous prolongez l'état de célibat où il feint de s'obstiner à vivre, il deviendra fou très-certainement.

— Ne prononcez pas ce mot affreux, et dites-moi si, en effet, vous croyez, comme vous me l'avez dit souvent, Guillaume amoureux à mon insu.

— Cela se pourrait; mais depuis que je l'observe jour par jour, il me semble qu'il est plus amoureux en général qu'en particulier.

— Que voulez-vous dire?

— Qu'il est, comme un jeune novice cloîtré, amoureux de toutes les femmes qu'il voit. Je ne serais pas étonnée que cette belle Jeanne, que vous gâtez si fort, et que l'on traite ici comme une égale, ne lui trottât par la cervelle. Vous ne voulez pas me croire, vous avez une taie sur les yeux. Guillaume brûle pour cette fille d'un feu très-peu chaste dans l'intention… bien qu'il le soit peut-être dans le fait ; je ne me prononcerai pas là-dessus. Mais voyez l'exaltation de ce jeune homme ! Il aime sir Arthur comme un frère d'armes du moyen âge. Il aime sa sœur presque comme un amant… et il aime ma fille aussi.

— Vous le croyez ?

— Cela vous contrarie, et pourtant cela est. Oh ! je sais bien que sous votre air humble et modeste vous cachez beaucoup d'ambition pour vos enfants. Vous espérez que Marie épousera M. Harley. Quant à Guillaume, vous comptez lui découvrir une grosse dot dans quelque coin de votre province. Je suis moins riche que vous, et pourtant Elvire est fille unique, et je puis vous répondre qu'avant six mois une préfecture nous donnera au moins 50,000 livres de rente. Que Guillaume embrasse la même carrière, et un jour il sera plus riche que s'il reste à cultiver ses terres ; mince revenu qui n'a que l'apparence.

— Mon amie, vous vous trompez sur mon compte, répliqua madame de Boussac. Si j'ai fait parfois quelque rêve brillant pour lui, je n'en suis pas moins occupée avant tout de son bonheur et de sa santé. Si j'étais certaine qu'il fût épris d'Elvire, je n'hésiterais pas à vous la demander pour lui.

— Eh bien ! il en est épris certainement. Mais pour vous parler vrai, cela est traversé par des bizarreries et des caprices. Vous voyez bien qu'il s'en occupe des jours entiers, et puis tout à coup il songe à autre chose, il fait des vers, il lit des romans avec sa sœur, il regarde la lune, il regarde Jeanne, il voit que votre cerveau brûlé d'Anglais en est amoureux, et dans ce mauvais air, il perd la raison. Tenez, ayez une volonté, renvoyez-moi vos deux péronnelles. Prenez deux servantes ayant cent cinquante ans entre elles deux, faites jeter au feu tous ces romans, exigez qu'au lieu d'aller se promener seul le soir à travers champs, Guillaume nous fasse compagnie assidûment, et je vous réponds qu'avant deux mois il vous avouera qu'il aime ma fille. Mariez-les, faites-les voyager un peu, tête à tête, et vous m'en direz des nouvelles.

— Je vois bien, reprit madame de Boussac, que vous regardez Jeanne comme un obstacle à ce projet, et, si j'en étais sûre, quoiqu'elle m'ait rendu, en le soignant, de grands services... je la renverrais.

— Faites-lui une sort; mariez-la à un paysan, à votre balourd de Cadet et tout sera dit.

— Je le veux bien ; mais si cela exaspère Guillaume ? je n'ose rien. Toute la nuit il a demandé Jeanne, et je vous avoue que cela m'a donné à penser que vous ne vous trompiez pas. La beauté de cette créature l'agite un peu trop.

— Eh bien ! dit la Charmois après quelques instants de silence, donnez-lui Jeanne pendant quelque temps, et il se calmera.

— Que je la lui donne ! Mais ce que vous dites là est contraire à toute morale, à toute piété ! ·

— Quand je vous dis de la lui donner, cela veut

dire : laissez-la lui prendre. Une bonne mère doit veiller à tout, et quand un excès de sagesse est funeste, elle doit fermer les yeux sur certains égarements toujours inévitables et parfois nécessaires.

— Comment pouvez-vous me conseiller une pareille chose, quand vous venez de me parler d'un mariage avec Elvire?

— Cela vous prouve que je suis fort peu acharnée à mes intérêts dans tout ceci, et que ma seule préoccupation est de vous voir sauver votre fils. D'ailleurs, que m'importe à moi, que mon futur gendre ait une maîtresse avant le mariage? Si cela doit arriver, mieux vaut Jeanne que toute autre; elle est jeune et d'une belle santé. Elle n'a pas d'intrigue, elle ne saura pas le passionner; sa stupidité le lassera bien vite, et comme elle est douce et soumise, elle se laissera évincer sans murmure. Ce sera à vous de la payer assez cher pour qu'elle n'élève pas une plainte. C'est un sacrifice que nous pourrons faire à nous deux, quand Elvire et Guillaume seront mari et femme. D'ailleurs, quand on voudra, M. Léon Marsillat vous en débarrassera...

— Taisez-vous, ma chère, répondit madame de Boussac effrayée. Il me semble que tout cela est rempli de perversité et que vous avez un esprit diabolique! »

La sous-préfette railla les scrupules de la châtelaine. Celle-ci se défendit faiblement, et ces deux dames causèrent encore longtemps, mais si bas, que Claudie eût vainement écouté par le trou de la serrure.

Aussitôt après cet entretien, Jeanne fut mandée par sa marraine sous la charmille, et n'y trouva que madame de Charmois seule. Cette infâme créature agissait à l'insu de madame de Boussac, et, conformément à ses instincts cyniques, elle se disait avec raison qu'elle allait frapper un coup décisif.

« Jeanne, dit-elle à la jeune fille, étonnée de se voir citée devant un tel juge, vous allez apprendre une chose grave. Préparez-vous à la franchise, vous trouverez tout le monde disposé à l'indulgence. Votre marraine sait tout. »

Jeanne rougit et baissa les yeux. Mais un instinct de dévouement qui lui tenait lieu de finesse et de prudence, l'engagea à se taire. « Si celle-là plaide le faux pour savoir le vrai, pensa-t-elle, elle ne tirera rien de moi. Je ne trahirai pas le secret de mon parrain. Je ne me plaindrai pas de lui. J'aime mieux être renvoyée que de le faire gronder.

— Nous savons que vous avez la tête tournée par les folies de M. Harley, reprit *la Charmoise*, et que vous pensez qu'il serait aussi facile de vous faire épouser par M. de Boussac que par lui. Croyez, ma chère, que l'un est aussi impossible que l'autre; qu'on vous trompe, qu'on se moque de vous. M. Harley est marié en Italie, je le sais, et quant à monsieur le baron, jamais sa mère ne le permettrait. Lui-même rougirait d'en avoir la pensée.

— Si M. Harley est marié, et qu'il ait une brave femme, ça me fait plaisir de l'apprendre, répondit

Jeanne avec la froideur d'un mépris concentré. Quant à mon parrain, comme je ne suis pas folle, je n'ai jamais pensé, pas plus que lui, à ce que vous me dites.

— Vous mentez, Jeanne, reprit la sous-préfette en essayant, mais en vain, de terrifier Jeanne avec ses gros yeux noirs. Nous savons tout, il l'a avoué dans le délire de la fièvre. Il vous a promis de vous épouser pour vous faire consentir...

— En ce cas, mon parrain est bien malade, car il a dit ce qui est faux !

— Vous ne niez pas, du moins, qu'il vous fasse la cour ?

— Je n'ai rien à vous dire là-dessus, madame.

— Mais je vais vous conduire devant votre marraine, qui vous confondra.

— Comme je n'ai ni pensé au mal, ni fait aucun mal, je ne crains rien, madame.

— Vous avez beaucoup d'aplomb, mademoiselle Jeanne, et vous voudriez peut-être faire du scandale. Eh bien ! cela ne sera pas ; on ne fera aucune attention à vos semblants de vertu. Otez-vous de l'esprit la chimère d'être épousée, et on fermera les yeux sur le reste, pourvu que cela ne dure pas trop longtemps, et que vous y mettiez beaucoup de prudence et de mystère, comme vous l'avez fait jusqu'ici. »

Jeanne fut si indignée, qu'elle ne put répondre. « Je vais parler à ma marraine, » dit-elle, et elle tourna brusquement le dos à la Charmois, sans vouloir entendre un mot de plus.

Malheureusement pour Jeanne, madame de Boussac était en cet instant dans la chambre de son fils, et Jeanne n'osa aller l'y trouver. Elle l'attendit dans les corridors, mais madame de Charmois sut prévenir à temps sa trop faible amie.

« J'ai fait merveille, lui dit-elle en l'entraînant sur le balcon de la chambre de Guillaume. J'ai parlé à Jeanne, je l'ai effrayée : si elle est coupable, elle sera soumise ; si elle est sage, elle se soumettra.

— Que voulez-vous dire, et qu'avez-vous fait ? dit madame de Boussac ; vous me faites trembler.

— Vous tremblez toujours, vous, et vous n'agissez jamais ! laissez-moi faire. Exigez que Jeanne veille votre fils cette nuit. S'ils s'entendent, elle lui apprendra qu'il n'y a pas moyen de vous tromper, et ils aviseront à se séparer à l'amiable. S'ils ne s'entendent pas encore, d'après ce que j'ai fait comprendre, ils s'entendront, et ce commerce sera sans danger pour l'avenir. Vous verrez ! Si Guillaume n'est pas calme et doux demain matin, n'écoutez jamais mes conseils.

— Mais tout cela est criminel ! » Tel fut le dernier cri de détresse de la conscience de cette mère insensée.

La Charmois étouffa le remords sous les menaces.

« Eh bien ! dit-elle, si vous voulez laisser les choses aller d'elles-mêmes, attendez-vous à ce que votre fils retombe dans l'état où il était avant son départ pour l'Italie, ou bien préparez-vous à le faire partir. Peut-être le voyage et la distraction le guériront encore. Il ne faudra, pour cela, qu'un an ou deux d'absence.

— Ah ! c'est affreux ! s'écria madame de Boussac, le perdre encore, passer toute la vie loin de lui, ne pouvoir compter sur sa santé qu'à ce prix , c'est au-dessus de mes forces.

— Je le savais bien ! pensa la Charmois. Mon cœur, dit-elle, croyez-en donc mon expérience de la vie et mon affection pour vous. Laissez-vous guider , refusez surtout, pendant toute cette journée, de parler à Jeanne; ménagez-lui ce soir un tête-à-tête avec l'*enfant,* et je vous promets que demain , ni lui ni elle ne vous tourmenteront. »

Madame de Boussac céda. Jeanne demanda par trois fois une audience. Elle fut repoussée avec une apparente dureté.

Jeanne alla *affener* ses vaches, et après avoir veillé à ce qu'elles ne manquassent de rien jusqu'au lendemain, elle caressa une petite génisse blanche qu'elle aimait particulièrement; elle lui choisit les herbes les plus tendres , comme pour lui donner une dernière douceur; puis elle rangea tout avec soin, et s'arrêtant un instant sur le seuil de cette étable où elle avait consacré de douces heures aux humbles occupations qui lui étaient chères, elle fit un grand signe de croix comme pour clore religieusement une phase de sa vie de travail.

Elle monta ensuite à sa chambre, dans la tourelle, fit un petit paquet des hardes les plus nécessaires, plaça dans le coffre de Claudie quelques atours que sa marraine lui avait donnés, et dont elle voulut faire cadeau à sa compagne. Elle n'emporta qu'une seule richesse, une croix d'or que Marie lui avait donnée le jour de sa fête. Elle monta ensuite à la chambre de Marie, bien qu'elle eût aperçu, par la meurtrière de la tourelle, Marie au fond du jardin. Elle savait bien qu'elle ne pouvait rien lui confier, et elle ne se fût d'ailleurs pas senti la force de lui dire adieu. Mais elle voulut revoir au moins le prie-Dieu et le lit de sa chère mignonne. Elle s'agenouilla une dernière fois devant la madone d'albâtre à laquelle elles avaient adressé ensemble tant de douces et chastes prières. Elle détacha une fleur flétrie de la guirlande qu'elle y avait suspendue la veille, et la mit dans son sein avec son chapelet. Puis, au moment de sortir, elle trouva sous sa main une robe et un châle de sa chère demoiselle, et elle les baisa longtemps en versant des larmes amères...

En descendant, elle trouva Claudie sur l'escalier et l'embrassa sans lui rien dire.

« Où vas-tu donc? lui dit sa compagne étonnée de ses yeux rouges et de son triste sourire.

— Aux champs, répondit Jeanne.

— L'heure est passée, dit Claudie.

— Non, non, l'heure est venue, » répondit Jeanne, et elle descendit précipitamment.

A la grand'porte de la cour, elle se trouva face à face avec Cadet.

« Tu vas donc te promener, ma Jeanne !

— Je m'en vas au pays de chez nous, mon *vieux*.

Ma tante est bien malade, et j'aurais dû partir ce matin.

— Tu t'en vas comme ça toute seule, ma mignonne? la nuit te prendra en chemin.

— Oh ! je le connais, le chemin, et je suis avec Finaud.

— Le chien Finaud est une bonne bête, mais si tu rencontrais du mauvais monde, te défendrait-il ben?

— *Oui bien*, va, n'aie pas peur.

— Mais pourquoi que tu ne m'as pas dit ça, à ce matin? J'aurais demandé permission d'aller te conduire.

— Deux de moins à l'ouvrage de la maison, ça ferait trop d'embarras pour Claudie. Allons, bonsoir, mon Cadet, ne me *détemses* pas.

— Tu reviendras demain, Jeanne !

— Le plus tôt que je pourrai, » dit Jeanne en lui adressant un sourire. Mais aussitôt qu'elle eut le dos tourné, elle se prit à pleurer de nouveau, en se disant qu'elle ne reviendrait jamais.

Dix minutes après le départ de Jeanne, on frappait furtivement à la porte du cabinet de Léon Marsillat.

« Qu'est-ce? dit-il avec son ton brusque.

— Êtes-vous seul, monsieur l'avocat ?

— C'est encore vous, chenapan? Que voulez-vous?

— C'est pour un petit bout de consultation, monsieur l'avocat.

— Maître Raguet, je suis las de vos sales affaires. D'ailleurs ce n'est pas mon heure. Allez au diable.

— Vous êtes trop honnête, monsieur l'avocat; mais vous m'écouterez bien.

— Nullement. Sortez, vous dis-je ; je ne plaide plus pour vous; vous êtes incorrigible.

— Oh ! quand vous m'aurez entendu, vous me trouverez blanc comme neige.

— Oui, comme à l'ordinaire ! Encore un vol de nuit, n'est-ce pas? ou une vengeance de coquin ?

— Non! rien du tout. Les méchants m'en veulent toujours. Ne se sont-ils pas mis dans la tête à présent que je m'habille en *femelle*, et que je vas de nuit avec cette pauvre chère femme de Gothe, pour faire la lavandière autour des fosses ?

— Je vous crois sujet à caution, et même à jeter des pierres aux gens qui veulent vous corriger.

— Du tout, monsieur, jamais. Ce n'est pas moi; dans le temps que la maison de la Jeanne a brûlé, j'ai écouté dire que de mauvais monde avait fait cette farce-là pour aller voler la ferraille de la ruine; mais je me doute bien qui c'est, et on m'a mis ça sur le corps.

— On ne prête qu'aux riches... d'autant plus que je vous ai reconnu, maître Raguet ! ainsi taisez-vous.

— Oh! vous croyez? mais vous vous serez trompé!... Tant qu'à la Jeanne...

— Taisez-vous, encore une fois !

— Elle vient de partir du château ; vous le savez donc ? »

Marsillat tressaillit. Raguet vit, d'un œil de vautour.

son incertitude, sa répugnance à l'interroger, son désir de l'entendre, et il continua :

« Oui, monsieur, oui ! toute seule avec son chien... Elle s'en va à Toull... Elle doit être maintenant à la sortie de la ville... Elle marche vite !

— Qu'est-ce que tout cela me fait ? dit Léon. Vous me fatiguez, allez-vous-en !

— Je m'en vas, et je dirai à votre *valet* d'arranger vot' chevau bien vitement.

— Le misérable ! se dit Marsillat en le voyant se diriger vers l'écurie, il le fait comme il le dit. »

Cinq minutes après, Marsillat mettait le pied à l'étrier, maudissant la mauvaise influence qui ramenait auprès de lui ce complice immonde de ses turpitudes, et ne luttant pas cependant contre l'instinct farouche qui le poussait.

Il franchit la ville au grand trot; puis, pensant qu'il devait laisser prendre de l'avance à Jeanne, afin de la rejoindre à la tombée du jour, il se ralentit et gravit au pas le chemin rapide par lequel on sort de Boussac dans cette direction. Arrivée à l'endroit où la route se bifurque, il trouva Raguet accoudé sur un de ces petits murs transparents et fragiles qui remplacent, par une dentelle en pierres sèches, les buissons dont cette terre stérile est dépourvue.

« Elle a pris le chemin de Saint-Silvain, » lui dit ce misérable, au moment où Léon allait prendre celui de Savau.

Et comme Marsillat profitait de son avis, sans paraître l'entendre, il se plaça devant la tête de son cheval en disant:

« Ça mériterait pourtant quelque chose, un service comme ça !

— Garez-vous, répondit Léon, ou bien vous allez savoir de quel bois est fait le manche de mon fouet !

— Jésus, mon Dieu ! murmura le bandit stupéfait; il n'y a donc que des ingrats dans ce monde !

— Ce brigand de Raguet est mon mauvais génie, pensait Léon en doublant le pas; et s'il y a un châtiment du ciel, c'est d'être forcé de recevoir son aide, quand je la repousse... Mais Jeanne est si belle !... »

XXI

LE MIRAGE.

Jeanne marchait vite; elle avait quatre grandes lieues à faire pour arriver à Toull, mais elle ne s'en inquiétait pas. Si la nuit est trop avancée, pensait-elle, pour qu'on veuille m'ouvrir chez la mère Guite ou chez le père Léonard, j'irai attendre le jour dans le Trou-aux-Fades. C'est un *bon endroit*, et aucune *mauvaise chose* n'oserait venir m'y tourmenter.

Toute superstitieuse qu'elle était, et peut-être justement parce qu'elle l'était, Jeanne connaissait peu la crainte. Elle avait eu, dès son enfance, l'esprit trop nourri de croyances merveilleuses pour ne pas compter sur la *connaissance* que sa mère lui avait donnée

— 76 —

à l'effet de repousser les méchants *fadets* et les follets
pernicieux. Elle avait souvent autrefois, dans les pre-
mières nuits de l'automne, prolongé sa veillée aux
champs jusqu'à minuit. C'est un usage de nos contrées que de faire paitre ainsi les brebis à la rosée du
soir, de la mi-juillet à la fin de septembre, pour en-
graisser celles qu'on veut vendre, et on appelle cela
sereiner les ouailles (1).

Durant ces champêtres veillées, les petites filles,
ordinairement plus braves que les grandes, prennent
plaisir à se répondre d'une prairie à l'autre, en chantant à pleine voix leurs vieilles ballades et les admi-
rables mélodies du Bourbonnais et du Berry, si tristes,
si tendres, et dont le beau monde du pays fait si peu
de cas. Dieu merci, les paysans les conservent et en
composent encore; et tandis que les *demoiselles* chan-
tent au piano les plus plates et les plus détestables
nouveautés d'opéra, les pastoures font redire aux échos
des champs, des mélodies naïves et pures, que nos
plus grands maitres eux-mêmes voudraient avoir
trouvées.

Quoiqu'on n'eût pas encore commencé à *sereiner,*
Jeanne ne put se trouver dehors en pleine nuit sans
se croire transportée à cette époque pleine pour elle

(1) Nous avons conservé ce vieux mot ; et si vous alliez parler de
brebis chez nous, personne ne vous comprendrait, à moins que vous
n'eussiez le soin de généraliser et de dire le *brebiage;* encore n'au-
riez-vous pas la prononciation, et on vous accuserait de parler le
chen-frais, c'est-à-dire le français moderne.

de chastes et poétiques souvenirs. Elle se rappela le temps où, tout enfant et gardant son petit troupeau sur le communal, elle avait appris à ses compagnes leurs plus belles chansons.

> « Voilà six mois que c'était le printemps, etc. »
> « C'étaient trois petits fendeurs, etc. »
> « Chante, rossignol, chante, etc. »

Puis elle se retraça d'autres jours plus sérieux, où, initiée par sa mère à de mystérieuses pensées, elle s'était éloignée des folles bergères qui se réunissaient pour conjurer la peur et pour chanter des refrains assez lestes, gravelures rustiques qui sont marquées, air et paroles, au coin du XVIII° siècle. La *savante* Tula avait appris à sa fille chérie qu'il ne faut pas chanter les choses qu'on ne comprend pas, parce que cela attire les mauvais esprits au lieu de les écarter, et qu'alors ils rendent folles les imprudentes chanteuses, comme cela était arrivé à Claudie et à d'autres. Jeanne, bien convaincue qu'il n'était pas indifférent de dire telle ou telle chanson la nuit dans la solitude, avait alors répété souvent, sur les collines sauvages de la Marche, ou sur les versants herbageux du Bourbonnais, de très-vieux refrains qui ont un caractère historique : la plainte du paysan au temps des désordres et des misères du régime militaire et féodal :

> Je maudis le sergent
> Qui prend, qui pille le paysan.

Qui prend, qui pille,
Jamais ne rend.

Et le naïf chant de guerre que Tula pensait avoir été
composé pour la Grande Pastoure :

> Petite bergerette
> A la guerre tu t'en vas...
> . . . .
> Elle porte la croix d'or,
> La fleur de lis au bras ;
> Sa pareil' n'y a pas, etc.

Et quand l'écho des rochers répétait les derniers
sons, Jeanne frissonnait d'une religieuse terreur qui
n'était pas sans charmes, s'imaginant entendre la voix
claire et frêle de la bonne fade se marier à la sienne,
et saluer le lever de la lune, cette Hécate gauloise que
les druidesses redoutaient d'offenser, vengeresse terrible des impudiques et des parjures. Jeanne ne connaissait ni les mots ni les époques auxquelles se rap-
portaient ses croyances vagues et profondes. Elle
savait seulement, par sa mère, qu'il y avait eu autrefois des femmes saintes qui, vivant dans le célibat,
avaient protégé le pays et initié le peuple aux choses
divines. Ces prêtresses se confondaient dans son in-
terprétation avec les fades : et l'on dit encore, dans les
endroits couverts de pierres druidiques et de grottes
consacrées jadis aux druidesses, les *fades* et les
femmes indifféremment. Le curé Alain assurait que du

temps de Charlemagne, les évêques et les magistrats avaient été encore forcés de fulminer des menaces et de prendre des mesures énergiques pour empêcher les paysans de rendre aux menhirs un culte officiel. Si, à cette époque, le druidisme et le christianisme se disputaient encore le terrain, il n'est pas étonnant que de nos jours ces deux cultes se confondent encore dans quelques têtes exaltées par les merveilles de la tradition. Nos paysans connaissent si peu le christianisme, l'éducation religieuse qu'ils peuvent recevoir est si élémentaire ou plutôt si nulle, que le mystère catholique et le mystère sans nom des cultes antérieurs sont également impénétrables pour eux. Tula ne se rendait nullement aux sermons de M. Alain, quand il l'accusait d'être un peu païenne, et Jeanne se croyait tout aussi orthodoxe que sa mère. Les druidesses, les saintes fades ou les saintes femmes, étaient à ses yeux de bonnes chrétiennes, des âmes envoyées du ciel, d'anciennes cénobites ennemies des Anglais; et si sa mère lui eût dit qu'elle les avait vues faire des sacrifices sur les pierres d'Ep-Nell, elle n'eût point hésité à le croire. Jeanne d'Arc, dont elle ne savait pas non plus le nom entier, mais qu'elle appelait la belle Jeanne et la grande bergère, était peut-être bien pour elle une fade ou une druidesse. Qu'importe l'ordre des faits au paysan? L'idée pour lui n'a pas d'âge. Il la reçoit, il s'en nourrit et la transmet toujours jeune et brillante à ces enfants nés de lui, qui vivent et meurent enfants comme lui. J'ai appris l'an dernier, d'un

vieux mendiant, comment les Anglais avaient été repoussés d'une forteresse voisine de mon gîte, au temps
de Philippe-Auguste. Il possédait merveilleusement
la stratégie et les détails de l'événement, par quel
côté on avait attaqué, quelles sorties avaient faites les
assiégés, combien de combattants et combien de morts.
Quel antiquaire, quel historien eût pu me l'apprendre? Il n'y avait qu'une erreur dans son récit, c'est
qu'il prétendait avoir été témoin oculaire de toutes
ces choses, *avant la révolution*. Mais le récit n'en était
pas moins vrai; il s'était perpétué de père en fils dans
sa famille.

Jeanne avait eu le cœur brisé en quittant le château de Boussac et cette noble famille qu'elle avait
adoptée dans son cœur bien plus qu'elle n'en avait été
adoptée en réalité. L'injustice avait excité en elle une
douleur profonde, une surprise extrême. Mais elle
comptait trop sur la bonté de Dieu et sur la force de
la vérité pour ne pas être sûre qu'on l'absoudrait
bientôt. Seulement, elle se rappelait en cet instant les
paroles de sa mère : « Ça n'est pas bon de quitter son
pays et sa famille, » elle se reprochait de les avoir
oubliées, et elle se promettait de ne plus négliger cet
avis de la sagesse suprême qui avait parlé par la bouche de sa chère défunte.

A mesure qu'elle s'éloignait pourtant, son cœur devenait plus léger, et la brise du soir séchait ses yeux
humides. Cet air vif de la montagne qu'elle n'avait,
depuis longtemps, respiré qu'à demi, lui rendait le

courage et l'espérance. Elle avait fait un grand effort en quittant son village, et un grand sacrifice en restant à la ville. Sans la maladie de Guillaume, elle ne s'y serait jamais décidée. Plante sauvage, attachée au sol inculte qui l'avait produite, elle n'avait fait que végéter depuis qu'elle s'était laissée transplanter dans une région cultivée. Elle avait soif de reprendre racine dans son véritable élément, et d'embrasser son rocher natal. A chaque pas, le ciel lui paraissait devenir plus vaste et les étoiles plus claires. Le clocher de Saint-Martial de Toull s'élevait à l'horizon comme une vigie de sauvetage. Il tranchait sur le bleu sombre de l'air, et paraissait grandir comme un géant. Il y avait près de deux ans que Jeanne, qui le regardait tous les soirs du haut du château de Boussac, le trouvait si petit et si lointain ! Elle recommençait à faire des rêves de mélancolique bonheur. Sa tante était enfin séparée du méchant Raguet, elle allait la soigner et la guérir. Puis elle redeviendrait bergère n'importe au service de qui. Elle retrouverait des brebis et des chèvres, humbles animaux qu'elle aimait encore mieux que les vaches superbes et souvent rebelles. Que lui importait d'être propriétaire ou non de son futur troupeau? Elle n'en aurait pas moins l'amour *des bêtes* et du travail. Elle retrouverait les doux loisirs, et les longues rêveries ininterrompues de la solitude. Elle oserait chanter sans craindre d'être écoutée par les bourgeois; elle pourrait prier et croire sans être raillée par les esprits forts. Jeanne s'était sentie, jour par jour, refroidie et gênée à la ville. Elle ne se disait pas qu'elle avait failli y perdre la poésie; mais elle se sentait vaguement redevenir poëte, à mesure qu'elle s'enfonçait dans le désert. Elle entendait, plongée dans une douce extase, les petits bruits de la nature, si longtemps étouffés par les voix humaines et par la clameur du travail, toujours agité autour de la demeure des riches. L'insecte des prés et la grenouille du marécage interrompaient à peine leur oraison monotone lorsqu'elle passait sur leurs domaines, et aussitôt après ils recommençaient avec une nouvelle ferveur cette mystérieuse psalmodie que la nuit leur inspire. Le taureau mugissait au loin, et la caille faisait planer sur les bruyères son cri d'amour, élevé à la plus haute puissance.

Tout à coup, le cri sinistre de *l'oiseau de la mort* (le crapaud volant) fit rentrer dans un silence craintif et consterné toutes ces voix heureuses, et Jeanne tressaillit. Finaud s'arrêta court et répondit par un long hurlement à ce cri de malheur. Une pensée funèbre traversa l'esprit de Jeanne. Elle essaya de regarder le clocher de Toull, qu'un nuage enveloppait, et il lui sembla qu'elle ne le verrait plus, qu'elle ne l'atteindrait jamais. Une sueur froide couvrit son front; elle regarda autour d'elle, et vit à sa droite le mont Barlot et les sombres pierres jomatres.

« C'est un mauvais endroit, pensa-t-elle, et il n'est pas étonnant que je me sente l'esprit tourmenté en passant si près des méchantes pierres. On a tué du monde là-dessus ; *les autrefois* (1), et les âmes sans confession demandent des prières. »

Elle se signa et commençait à réciter l'*Ave*, la seule prière qu'elle sût par cœur avec l'oraison dominicale, lorsque Finaud aboya et se mit en travers du chemin derrière elle, comme pour empêcher un ennemi d'approcher. Jeanne se retourna, et, voyant un cavalier monter au pas le sentier rapide, elle se rangea de côté pour le laisser passer, et baissa son capuchon pour cacher sa jeunesse.

« Eh bien ! Finaud ! Eh ! petit Finaud ! A qui en as-tu ? dit Marsillat, dont la voix fut reconnue par le chien qui alla flairer son étrier en remuant la queue. Où diable vas-tu si tard, Jeanne ? reprit le cavalier en ralentissant le pas de son cheval pour rester à côté de Jeanne qui marchait toujours. Si je n'avais pas reconnu ton chien, je serais passé près de toi sans y faire attention. Bonsoir, ma vieille (2) !

— Bonsoir, monsieur, bonsoir, dit Jeanne, d'un ton doux mais résolu, qui semblait dire : Passez votre chemin.

— Ah çà ! tu m'étonnes, reprit Marsillat en retenant la bride de Fanchon. Une fille comme toi ne devrait pas s'en aller si loin sans un ami pour la défendre.

(1) Par cette expression, *les autrefois*, les paysans expriment mieux que nous ce que nous disions plus haut de leur notion mystérieuse et vague des siècles écoulés.

(2) *Mon vieux*, *ma vieille* sont termes d'amitié entre les jeunes gens.

—Je ne crains rien, M. Léon, le bon Dieu est avec moi.

— Et ton *galant* n'est peut-être pas loin.

—Bon, bon, amusez-vous! vous savez bien que les galants et moi, ça ne va pas ensemble.

—Je vois bien que ça va séparément, mais je pense que ça sait se retrouver.

— Ne me taquinez pas, M. Léon; je ne suis pas gaie.

— Vrai, ma pauvre Jeanne? Est-ce qu'ils t'ont fait de la peine au château?

— Oh! non, monsieur! ils sont trop bons pour ça. Mais c'est que ma tante est bien malade, et que je m'en vas peut-être pour la voir mourir. En savez-vous des nouvelles, M. Marsillat?

— Pourquoi me demandes-tu cela?

— Parce que dans votre étude vous voyez toutes sortes de mondes, et que vous pourriez en avoir vu de chez nous.

— Je ne suis arrivé de Guéret qu'il y a deux heures, et j'ai été forcé tout de suite de repartir pour mon bien de La Villette. Qui t'a appris la maladie de ta tante?

—Dame! c'est ce méchant homme de Raguet. Peut-être qu'il a menti pour me faire du chagrin.

—C'est un méchant homme, en effet, dit Marsillat qui comprit aussitôt la ruse de son affreux complice, et qui s'arrangea pour en profiter avec un merveilleux talent d'improvisation. Il n'aurait pas dû t'apprendre cela; moi, je le savais depuis longtemps et je ne te l'aurais jamais dit.

—Mais vous auriez eu tort, M. Marsillat; ce serait m'empêcher de faire mon devoir.

— C'est vrai, mais que veux-tu? J'avais peut-être mes raisons pour ne pas me décider aisément à t'annoncer cette mauvaise nouvelle.

— Est-ce que ma tante serait en danger?

— Je n'en sais rien. Elle était très-mal il y a huit jours quand je l'ai laissée chez moi.

— Chez vous, M. Marsillat? où donc chez vous?

— A Montbrat; tu ne savais pas qu'elle est là depuis quinze jours?

— Vrai, je n'en savais rien. Et pourquoi donc qu'elle était chez vous?

—Oh! elle y est encore. Que veux-tu? c'est une méchante femme que je n'aime guère, parce que j'ai vu dans le temps qu'elle te rendait malheureuse. Mais elle était devenue si malheureuse elle-même, que j'en ai eu pitié. Ce coquin de Raguet l'ayant chassée de chez lui, elle mendiait de porte en porte, et elle est venue à Montbrat un jour que je m'y trouvais. Elle était si malade et si faible, qu'elle serait morte dans ma cour, si je ne l'avais fait entrer dans la cuisine pour lui donner du vin et de la soupe. Alors ma vieille servante, que tu ne connais pas, mais qui est une brave femme, en a eu pitié, et m'a prié de la garder quelques jours jusqu'à ce qu'elle fût en état de reprendre sa besace et son bâton et de s'en aller. J'y ai consenti de bon cœur, comme tu penses bien, et un peu à cause de toi, Jeanne; et depuis ce temps-là elle est à Montbrat, assez bien soignée, mais empirant toujours, et se plaignant surtout de ne pas te voir.

— Ah! mon Dieu! ma pauvre tante! Mais ça me fend le cœur, ce que vous me dites là, M. Léon! Si je l'avais su plus tôt! je ne voulais quasiment pas le croire. Je lui ai pourtant envoyé encore de l'argent, par le monsieur anglais, la dernière fois que j'en ai reçu. Il allait voir les pierres d'Ep-Nell, et il a eu la bonté de se charger de ça...; mais il n'y a pas plus de quinze jours, M. Léon. Le vieux Raguet m'a fait des mensonges.

— Le vieux Raguet... dit Marsillat embarrassé, le vieux Raguet t'aura menti, en effet! Tiens! c'est tout simple! Il aura pris l'argent pour lui, et il aura maltraité et chassé ta tante afin de ne pas le lui rendre. Ce qu'il y a de sûr, c'est que la Gothe est chez moi depuis... deux semaines, je crois, oui, il y a bien deux semaines!

— Ça peut bien être, reprit la confiante Jeanne, car il y a ce temps-là que je n'ai pas eu de ses nouvelles. M. Léon, vous avez eu bien des bontés! Ça ne m'étonne pas. Je sais que vous avez toujours eu bon cœur. Je vous remercie bien pour ma tante. J'irai la voir demain matin à Montbrat, si vous me le permettez, et je tâcherai d'avoir un cheval pour l'emmener.

— Et où veux-tu l'emmener?

— Chez quelqu'un de nos parents. J'ai encore un

peu d'argent, et d'ailleurs ils sont trop braves gens pour abandonner une vieille femme dans la misère.

— Comme tu voudras, Jeanne, mais elle ne m'est pas à charge, je t'assure.

— Vous êtes bien trop généreux, M. Léon; allons, en vous remerciant! ne vous attardez pas pour moi. Je ne peux pas marcher aussi vite que vous, ni vous aussi doucement que moi.

— Mais où vas-tu donc maintenant?

— Je m'en vas à Toull.

— Pourquoi faire, puisque ta tante n'y est pas?

— Elle y est peut-être, M. Léon. Vous n'êtes pas sûr qu'elle soit encore chez vous.

—Si, si... on m'a dit à La Villette qu'elle y était encore.

— Eh bien! demain matin, à soleil levé, j'y serai.

— Et pourquoi pas tout de suite? ce n'est qu'à une petite lieue d'ici, et tu as encore deux lieues avant Toull. A quelle heure y arriverais-tu d'ailleurs? à une heure du matin? personne ne voudrait t'ouvrir.

—Oh! vous vous trompez, M. Léon, j'y serais bien avant dix heures, reprit Jeanne en regardant les étoiles, cette horloge des bergers, grâce à laquelle ils savent l'heure à quelques minutes près, d'après la position du grand et du petit *chariot*.

— Mais à quoi bon te fatiguer à cette course inutile? Viens t'en voir ta tante à Montbrat; tu y coucheras tranquillement, et tu seras encore demain de bonne heure, si tu veux, à Boussac. »

Jeanne secoua la tête.

« Non, M. Léon, dit-elle, je ne puis pas aller coucher à Montbrat.

— Et de qui as-tu peur? de moi peut-être?

— Je ne dis pas ca, M. Léon; mais ça ferait causer.

— Et que pourrait-on dire? je ne couche pas à Montbrat, moi.

— Vous n'y restez pas?

— Non! il faut que je sois de retour à Boussac, ce soir, à onze heures. Je vais seulement à Montbrat pour prendre des papiers que j'y ai laissés, et je retourne passer la nuit au travail dans mon étude.

— En ce cas, M. Léon, marchez donc devant, j'arriverai à Montbrat quand vous serez parti, et comme ça tout s'arrangera.

— Comme tu voudras, Jeanne, mais sais-tu le chemin?

— Oh! je le trouverai bien, monsieur! je ne me perdrai pas, allez!

— C'est par ici, dit Marsillat, nous voilà auprès de Barlot. Il faut prendre à gauche. » Et il donna de l'éperon à son cheval, mais au bout de trente pas, il s'arrêta et descendit comme pour chercher quelque chose. Jeanne l'eut bientôt rejoint et l'aida naïvement à retrouver sa cravache qu'il tenait à la main. La nuit était devenue fort sombre. On ne distinguait plus que quelques étoiles. Le chemin était effroyable, tout hérissé de rochers contre lesquels la pauvre Jeanne se heurtait à chaque pas.

« Tu ne veux pas que je te prenne derrière moi?

dit Marsillat. Tu ne pourras jamais te retrouver par cette nuit noire, et la pluie va venir.

— Oh ! c'est égal, j'ai ma cape.

— Mais ce n'est pas sage pour une jeune fille de courir comme cela la nuit toute seule dans ce pays perdu. S'il t'arrivait quelque malheur, Jeanne, j'en serais responsable, sais-tu ! Allons, monte en croupe, tu arriveras une demi-heure plus tôt, et moi aussi.

— Mais ne m'attendez pas, M. Léon.

— Si, je veux t'attendre, et t'accompagner au pas, je crains qu'il ne t'arrive malheur.

— Et que voulez-vous qu'il m'arrive ?

— Et que crains-tu qu'il t'arrive avec moi ? Vraiment tu as peur de moi comme si j'étais cette canaille de père Raguet !

— Oh ! non, M. Marsillat, je sais bien que vous êtes un honnête homme ; mais vous aimez à plaisanter, et j'ai le cœur trop gros pour plaisanter aujourd'hui.

— Non, ma pauvre Jeanne, je ne plaisanterai pas. Voyons, est-ce que depuis un an je ne te laisse pas tranquille ? Est-ce que d'ailleurs tu as jamais eu à te plaindre de moi ?

— Oh ! non, monsieur, j'aurais tort de dire ça.

— Eh bien, allons donc ! » dit Marsillat, en la prenant dans ses bras et en l'asseyant sur son manteau qu'il plia avec soin sur la croupe de Fanchon.

Jeanne eût craint d'être prude et par cela même agaçante, en exagérant une peur qui n'était pas bien formulée elle-même. Elle résolut de prendre confiance en Dieu et en l'honneur du bienfaiteur de sa tante. Léon enfourcha adroitement Fanchon sans déranger sa belle amazone!

« Ah çà! tiens-toi bien après moi, dit-il, car il faut nous hâter, la pluie commence.

—Non, il ne pleut pas, monsieur Léon, dit Jeanne.

—Je te dis qu'il va pleuvoir à verse. Allons, mets ton bras autour de moi, ou tu vas tomber, je t'en avertis. »

Pour la décider, il pressa les flancs de sa monture qui partit au grand trot. Jeanne, forcée de se bien tenir, prit d'une main la courroie de la croupière, et de l'autre la veste de Marsillat. A peine eut-il senti le bras de la jeune fille contre sa poitrine que les palpitations de son sein étouffèrent les dernières hésitations de sa conscience. Pour ne pas l'effaroucher, il ne lui adressa plus un mot, et moins d'une demi-heure après, malgré l'obscurité et les mauvais chemins, ils atteignirent la montagne de Montbrat.

Le château de Montbrat que, soit par corruption, soit conservation de son nom véritable(1), les paysans appellent aussi la forteresse des Mille bras, est une ruine imposante située sur une montagne. La ruine féodale est assise sur des fondations romaines, lesquelles prirent jadis la place d'une forteresse gauloise. Ce lieu a vu les combats formidables des Toullois *Cambiovicences* contre Fabius. Je crois qu'on découvre

(1) Les antiquaires le font dériver de Montbard, la montagne des Bardes.

encore par là aux environs quelques vestiges du camp
romain et du *mallus* gaulois. Mais il faut voir ces
choses respectables sur la foi des antiquaires, qui les
voient eux-mêmes, comme faisait le curé Alain, avec
les yeux de la foi.

Léon Marsillat était riche. Il avait plusieurs pro-
priétés autour de Boussac et entre autres un *domaine*
ou métairie du côté de Lavaufranche, sur lequel se
trouvait cette vaste ruine, qui ne donnait aucune
valeur à la propriété, dans un pays où la pierre de
construction et la main-d'œuvre sont à vil prix.

La métairie était située au bas de la montagne, et
Jeanne, qui n'était jamais venue à Montbras, ne
remarqua pas le détour que lui fit faire son cavalier
pour éviter cet endroit habité. Léon prit un sentier
rapide et conduisit sa capture tout droit à ce castel,
dont il ne regrettait pas l'antique splendeur, mais
qu'il était cependant un peu vain de posséder. Son
grand-père le maçon ayant acheté ce manoir où ses
ancêtres n'avaient certes pas dominé, le sentiment de
parenté triste et jalouse qui, dans le cœur des nobles,
s'attache aux vestiges de ces puissantes demeures,
ne faisait point illusion au plébéien Marsillat. Et pourtant, il prenait un secret plaisir plein d'ironie et de
vengeance contre l'orgueil nobiliaire en général, à se
sentir châtelain tout comme un autre. Il eût volontiers
écrit sur l'écusson brisé de sa forteresse, au rebours
de certaines devises pieusement audacieuses : « *Mon
argent et mon droit.* »

Quoiqu'il ne restât pas un corps de logis, pas une seule tour entière, le préau, encore entouré de grands pans de murailles plus ou moins échancrés, formait un enclos très-bien fermé, grâce au soin que l'on avait eu de barrer le portail qui avait autrefois renfermé la herse, par de fortes traverses en bois brut, solidement cadenassées. Cet enclos servait aux métayers pour mettre au vert, durant les nuits d'été, leur jument avec *sa suite*, c'est-à-dire avec son poulain. L'herbe croissait haute et serrée dans cette cour battue jadis comme le sol d'une aire, par les pas des hommes d'armes.

« Attends, Jeanne, dit Léon en aidant la jeune fille à sauter sur l'herbe, je vais fermer la barrière; ensuite je te conduirai, par l'autre porte, à l'endroit où demeure ta tante.

— Ce n'est donc pas ici? demanda Jeanne, cherchant des yeux cette autre issue dont on lui parlait et que la nuit ne lui aurait pas permis de distinguer quand même elle aurait existé.

— Si fait, sois tranquille, répondit Léon en cadenassant la porte et en cachant la clef dans une fente de mur où il l'avait prise. Donne-moi le temps de fermer ce côté-ci pour que l'on ne vienne pas me voler Fanchon.

— Mais puisque vous allez repartir tout de suite, monsieur Léon?

— C'est pour cela que je ne la mets pas à l'écurie. Si je ne la débridais pas, elle casserait tout. »

Fanchon, débarrassée de la bride et même de la selle que son maître lui enleva lestement, alla flairer et saluer, d'un hennissement amical, sa paisible hôtesse, la jument du métayer. Léon, prenant la main de Jeanne, la conduisit à l'entrée d'un bâtiment écrasé et devenu informe par l'écroulement des parties supérieures. La porte étroite et basse, et le couloir étranglé entre des murailles de quinze pieds d'épaisseur conduisaient à une petite pièce ronde, assez semblable à celle que Jeanne occupait au château de Boussac, à la différence près, que la fente étroite et longue qui l'éclairait pouvait passer pour une fenêtre, et que l'ameublement, sans être riche, était d'un certain confortable. Il y avait là un beau lit de repos, quelques fauteuils, des livres épars sur une table d'acajou, deux fusils de chasse, un violon, des fleurets et un chapeau de paille accrochés au mur. Mais il faisait trop sombre pour que Jeanne se livrât à aucune remarque, et quoiqu'elle se sentît une peu effrayée du silence et de l'obscurité de cette demeure, elle était encore loin de se douter qu'elle fût dans la chambre de Marsillat, seule avec lui dans ce manoir où jamais sa tante n'avait demandé ni reçu l'hospitalité.

XXII

LA TOUR DE MONTBRAT.

Il y avait bien au domaine de Montbrat, comme dans la plupart des métairies éloignées de la résidence du propriétaire, un pied-à-terre appelé la chambre du maître. Mais Marsillat avait préféré s'en arranger un dans le château. Il avait fait déblayer et orner la seule pièce qui fût habitable dans cette vaste ruine ; et il y venait, tantôt s'inspirer dans la solitude pour étudier les effets d'éloquence qu'il improvisait ailleurs, tantôt se livrer à de moins estimables occupations. Sa tourelle de Montbrat était à la fois un cabinet d'étude et quelque chose comme la *petite maison* des champs d'un bourgeois libertin.

L'endroit était bien choisi, aucun voisinage indis-
et ne pouvait exercer son contrôle sur les mystères
e sa conduite, et les métayers, placés eux-mêmes à
atre portées de fusil du château, savaient fort bien
u'ils seraient mal reçus s'ils accouraient au moindre
ruit.

« Attends-moi ici, dit Marsillat à la tremblante
anne. Je vais chercher de la lumière et réveiller ma
eille servante, qui se couche à la même heure que
s poules, à ce qu'il paraît.

— Je sortirai avec vous, M. Marsillat, dit Jeanne
ui ne respirait pas à l'aise dans cette tour, et qui
mmençait à craindre qu'il n'y eût dans le domaine
e Léon ni poules ni servantes.

— Non, non, tu ne connais pas les êtres et tu te
eurterais, reprit-il. Ce vieux taudis est plein de
ous et d'endroits dangereux. Ne bouge pas d'ici,
anne, je vais revenir. »

Il sortit précipitamment et enferma Jeanne, qui
mmença à trembler sérieusement quand elle se fut
surée que la porte avait reçu à l'extérieur un tour
e clef. Cependant elle ne pouvait se persuader que
arsillat fût capable d'un crime, et elle se disait
u'aucune offre, aucune promesse n'aurait d'effet
r elle.

Marsillat n'avait pas, en effet, la pensée de com-
ettre un crime. Il était trop sceptique pour croire
u'en pareille matière l'occasion pût s'en présenter.
'étant toujours adressé à des villageoises coquettes

ou faibles, il n'avait pas trouvé de cruelles; et, comme
il affectait un profond mépris pour la vertu des
femmes, il ne voulait point se persuader qu'aucune
pût lui résister. La sauvagerie de Jeanne lui semblait
le résultat d'une extrême méfiance. Il faudra plus de
temps et de paroles pour celle-là que pour les autres,
se disait-il; mais voilà enfin l'occasion que je ne pouvais trouver ailleurs. Enfermée quatre ou cinq heures
avec moi, à force d'obsessions, j'enflammerai cette
froide Galatée, et, à moins qu'elle ne soit de marbre,
j'en triompherai sans lutte et sans bruit. Arrière la
brutale violence! se disait encore Marsillat : c'est
le fait des butors qui ne savent pas mettre la ruse
et l'éloquence, l'esprit et le mensonge, au service de
leurs passions. Impatients et grossiers, ils ne peuvent
pas imposer un frein à leur volonté; ils offensent au
lieu de persuader; ils dominent et sont maudits, au
lieu de se faire aimer.

Se faire aimer!... pensait l'avocat qui se promenait avec vivacité dans le préau, en attendant que son
esprit fût calmé, se faire aimer, de craint qu'on était,
et cela dans l'espace de quelques heures! c'est une
cause à plaider, et il faut la gagner!... Si Jeanne pouvait m'échapper, mon entreprise serait misérable et
ridicule. Demain je serais, grâce à elle, la fable de
tout le pays. Il ne faut donc pas que Jeanne sorte
d'ici sans être beaucoup plus intéressée que moi à
garder le secret. Allons, c'est un plaidoyer, c'est un
duel, et ne pas triompher, c'est succomber. Il ne peut

pas y avoir de transaction entre les adversaires

« Jeanne, lui dit-il en rentrant, ta tante est parti ce matin avec ma servante, qui a voulu la conduire elle-même à Toull.

— Partie? elle n'est donc plus malade?

— Elle s'est sentie un peu mieux, et il paraît qu'elle s'ennuyait dans cette vieille maison; elle avait déjà le mal du pays. Mon métayer l'a prise sur son cheval et l'a menée chez un de tes parents, je ne sais plus lequel. A présent, nous pouvons nous en retourner à Boussac. Donne-moi seulement le temps de chercher mes papiers dans le tiroir de la table.

— Je vas dire qu'on vous apporte *une clarté*, dit Jeanne, un peu rassurée par les dernières paroles de Marsillat. Vous ne pouvez pas trouver vos papiers comme cela dans la nuit.

— Très-bien, au contraire... je sais où ils sont; je les trouverais les yeux fermés. Ne sors pas, Jeanne; les métayers sont dans la cour, et puisqu'ils ne t'ont pas vue entrer, j'aime autant qu'ils ne te voient pas sortir.

— Mais c'est peut-être pire, dit Jeanne. Pourquoi se cacher quand on n'a rien à se reprocher?

— Ces gens-là ont de très-mauvaises langues, et je t'avoue que si tu ne te soucies pas de leurs propos pour toi-même, je ne serais pas fort aise, quant à moi, qu'ils fissent de l'esprit sur mon compte. Ce sont les imbéciles de cette espèce qui m'ont fait une réputation de mauvais sujet, et tu vois pourtant, *ma vieille,*

que je suis plus raisonnable que ne le serait à ma
place ton parrain Guillaume, et peut-être ton épou-
seur d'Anglais.

— Ne dites pas de ces choses-là, M. Léon, et ren-
voyez vos métayers de la cour, pour que je m'en
aille.

— Ils sont en train de faire manger un picotin
d'avoine à Fanchon. Après cela, ils s'en iront d'eux-
mêmes. Je leur ai dit que j'avais à travailler.

— Mais vous n'avez pas besoin de vous enfermer
comme ça.

— Si! La femme est curieuse comme une mouche;
elle viendrait me relancer jusqu'ici, soi-disant pour
me parler de ses agneaux ou de ses dindes, mais dans
le fait pour voir si j'y suis seul.

— Ça prouve, M. Léon, que vous y êtes bien venu
quelquefois en compagnie.

— Bah! une ou deux fois avec Claudie, tu sais
bien! dans le temps, elle était un peu folle!

— Pauvre Claudie! vous lui avez fait bien des pei-
nes, pas moins! une si bonne fille! Ça n'est pas bien
à vous, M. Léon.

— Que veux-tu? elle aurait eu un autre amoureux que moi, et mieux vaut moi qu'un autre; car je
suis resté son ami, et je ne l'abandonnerai jamais.

— Oui! vous croyez que l'argent et les cadeaux
consolent de tout. Vous vous trompez. Je vous dis,
moi, que Claudie pleure quasiment tous les soirs.
Mais en voilà assez, M. Léon, allons-nous en.

— Donne-moi donc le temps de souffler! N'as-tu pas peur que je te retienne malgré toi? Tu me prends pour un méchant homme, Jeanne!

— Oh! non, monsieur!

— Eh bien alors, tiens-toi donc en repos un instant. Nous serons libres dans un petit quart d'heure; assieds-toi et ne parle pas si haut, je cherche mes papiers.

— Vous les cherchez bien longtemps, M. Léon..... Vous me ferez arriver trop tard à Toull.

— A Toull? Tu ne veux donc pas retourner ce soir à Boussac?

— Non, monsieur, puisque je veux voir ma tante!

— Tiens, Jeanne, il y a quelque chose là-dessous. Tu es fâchée avec les gens du château.

— Oh! non, monsieur, vous vous trompez bien! je les aime trop pour me fâcher jamais contre eux.

— Eh bien! ils se sont fâchés contre toi!

— C'est possible, monsieur... Mais si ça est, ils en reviendront.

— Jeanne, raconte-moi ce qui s'est passé.

— Rien, monsieur. Je n'ai rien à raconter.

— Tu devrais pourtant avoir confiance en moi. Tu es une bonne enfant, mais tu ne connais pas les gens nobles; et si tu ne prends pas un bon conseil, tu vas faire, sans le savoir, quelque chose de nuisible à ta réputation ou à tes intérêts.

— Vous me parlez là comme si je voulais plaider contre eux, M. Léon. Ne vous donnez pas la peine de me conseiller, je n'ai pas besoin d'un avocat.

— Les avocats, comme les confesseurs, sont des gens auxquels on ne cache rien, et qu'on ne se repent jamais d'avoir consultés. Sois sûre, Jeanne, que je sais tous les secrets de la maison dont tu sors, et que demain on me dira ce que tu veux me taire aujourd'hui. Madame de Boussac me consulte sur toutes choses, et tu verras que je serai envoyé vers toi, demain peut-être, te dis-je, pour te donner ou pour te demander des explications. Si tu m'informais la première de tes sujets de plainte, la réconciliation pourrait marcher beaucoup plus vite, et tes intérêts seraient mieux défendus.

— Ah! mon Dieu, M. Léon, voilà que vous faites une affaire de tout cela ! Il n'y a pas besoin d'en chercher si long, je vous assure; et si c'est vrai qu'on vous dit tout, vous pourrez répondre que je pardonne tout.

— Jeanne, tu es bien réservée avec moi, dit Marsillat, qui lui avait jusqu'alors parlé à distance, et qui se rapprocha insensiblement à mesure qu'il réussit à la distraire de l'empressement de partir. Si je te disais que je sais déjà ce dont il s'agit.

— Si vous le savez, ne m'en parlez donc pas, répondit Jeanne; j'ai assez de chagrin comme cela.

— Je ne veux pas te faire de chagrin, ma pauvre Jeanne; ce serait m'en faire davantage à moi-même. Mon intention est de t'en épargner de nouveaux. Je te dis que je sais tout, car il n'y a pas plus de huit jours que j'ai été consulté par madame de Boussac pour savoir si Guillaume te faisait la cour.

—Ah! mon Dieu! dit Jeanne blessée dans l'exquise délicatesse de son cœur par cette révélation malheureusement trop vraie; ma marraine a eu le cœur de vous parler de ça?

— Elle ne le croyait pas; mais la grosse Charmois le lui répétait si souvent qu'elle commençait à s'en inquiéter. Cela ne doit pas te surprendre, Jeanne; une mère s'effraye toujours de voir souffrir son fils, et...

— Mais on veut donc absolument que je sois cause de tout le mal qui arrive à M. Guillaume?

— La Charmois le prétend ainsi; mais moi, j'ai essayé de rassurer ta marraine, et de lui bien persuader que, dans tout cela, il n'y a pas de ta faute.

— Vous pouvez bien encore le dire, M. Marsillat. Je ne suis fautive de rien, et ce n'est pas à cause de moi que mon parrain se fait de la peine. C'est impossible!

— Oh! pour cela, Jeanne, je n'en peux pas répondre. Je sais bien que tu n'es pas coquette; mais pourrais-tu jurer devant Dieu que tu n'as jamais laissé prendre d'espérance à ton parrain?

— Oui, monsieur; oui, je le jure devant Dieu; et vous pouvez, en consience, le jurer aussi!

— Une jeune fille laisse prendre de l'espérance malgré elle, et presque sans le savoir. Tu as de l'amour, Jeanne; et celui qui l'inspire, le voit bien, quelque chose que tu fasses pour le lui cacher.

— Mais c'est faux! s'écria Jeanne avec l'accent de

la vérité. Je n'ai pas eu une minute d'amour pour
mon parrain!

— Tu peux m'en donner ta parole d'honneur?
Jeanne, s'écria Léon, tout ému.

— Eh oui, M. Léon! Mais qu'est-ce que ça vous
fait à vous? Vous ne voudrez pas me croire non plus,
vous.

—Jeanne, je te croirai, je t'estime trop pour ne pas
te croire. Je suis ton ami, moi, ton seul ami, et je
veux être ton défenseur contre ceux qui t'accusent
injustement. Tiens, donne-moi ta parole, et mets ta
main dans la mienne...

— Et pourquoi ça, monsieur?

— Parce que j'engagerai mon honneur pour te défendre, et que c'est une chose grave, *ma vieille*. Tu
ne voudrais pas me faire faire un faux serment! Tiens,
vois-tu, demain matin je serai auprès de ta marraine.
Elle me fera appeler pour m'apprendre ton départ,
pour se plaindre de toi, peut-être : et j'aurai l'air de
ne t'avoir pas rencontrée ce soir, mais je pourrai dire
que j'étais bien informé de tes sentiments pour
Guillaume, et que je puis répondre de ta sincérité.
Alors ta marraine me demandera si je veux en jurer,
elle me fera mettre ma main dans la sienne, et je ne
pourrai pas me décider à le faire, si toi-même tu ne
prends avec moi un engagement pareil. Donne-moi
donc ta main, Jeanne, comme si nous étions devant
des juges, devant un prêtre, et jure-moi que tu
n'aimes pas Guillaume de Boussac.

— Si c'est pour l'acquit de votre conscience, dit la candide Jeanne en abandonnant sa main à Marsillat, je le veux bien, M. Léon. Je ne peux pas dire que je n'aime pas mon parrain, ce serait mentir, mais je peux bien jurer que je l'aime comme on doit aimer son frère, son père, son parrain, enfin!

— Bonne et honnête Jeanne! dit Léon en retenant avec adresse sa main qu'elle voulait retirer; on est bien injuste envers toi, et c'est un crime que de te tourmenter ainsi. Ton chagrin remplit mon cœur, et tes larmes me font mal. Je te regarde en ce moment comme ma cliente et ma protégée; je plaiderai pour toi, non devant un tribunal pour de petits intérêts; mais devant une famille ingrate qui méconnaît des intérêts sacrés, ceux de la reconnaissance et de l'honneur. Quand je pense à tous les soins que tu as pris de Guillaume !

— Je n'accuse pas mon parrain, monsieur Léon. Il ne m'a parlé mal qu'une fois, et je suis sûre qu'il en est fâché à l'heure qu'il est. Mam'zelle Marie est un ange des cieux, et je la pleurerai toute ma vie. Ma marraine est bien bonne aussi... et je ne sais pas comment elle a pu croire que je voulais persuader à son fils de lui désobéir et de m'épouser! Oh! comment donc que ma marraine, pour qui j'aurais donné tout mon sang, peut se laisser rapporter des mensonges comme ça! »

XXIII

LE VAGABOND.

Au moment où Jeanne avait quitté le château, Cadet, étonné de ce brusque départ, avait été en avertir Claudie. Claudie s'était empressée d'en informer Marie, et Marie, inquiète et effrayée, n'avait pas tardé à en demander l'explication à sa mère. Madame de Boussac avait eu recours à la haute politique de madame de Charmois; et celle-ci, trouvant ce dénoûment beaucoup meilleur que tous ceux qu'elle avait imaginés, s'était chargée, sans vouloir expliquer ses moyens, de faire accepter à Guillaume la nécessité de cette séparation.

En effet, ce soir-là, madame de Charmois ayant été enfermée un quart d'heure avec Guillaume, le jeune homme parut abattu et résigné à son sort. Mais tandis que la sous-préfette allait se vanter de sa victoire auprès de la châtelaine, Guillaume s'habillait à la hâte, et descendait à l'écurie, où, sans l'aide de personne, et profitant à dessein du moment où les domestiques étaient occupés à souper, il sella lui-même Sport, le fit sortir doucement par une porte de derrière, l'enfourcha et prit au galop la route de Toull.

Jeanne avait plus d'une heure d'avance sur lui, et il pressait son cheval, désirant la rejoindre et la faire renoncer à son projet avant qu'elle eût gagné Toull. Mais il avait déjà dépassé le mont Barlot et les pierres jomatres sans la rencontrer, lorsqu'il se trouva au détour du chemin face à face avec sir Arthur.

La nuit était encore assez sombre; mais l'Anglais étant sur un terrain plus élevé que Guillaume, celui-ci le reconnut à la silhouette de son grand chapeau de paille et au collet de son carrick imperméable, qui se dessinait sur le fond transparent de l'air.

« Arrêtez-vous, ami, lui dit-il en l'abordant, et reconnaissez-moi.

— A cheval et en voyage! s'écria sir Arthur; Dieu soit loué! mon cher Guillaume est guéri!

— Oui, Arthur, guéri, tout à fait guéri, répondit Guillaume d'une voix altérée. J'aurai beaucoup de choses à vous dire; mais, avant tout, dites-moi, vous, si vous avez rencontré Jeanne sur votre chemin.

— Jeanne? Jeanne dehors aussi à cette heure? Je n'ai pas rencontré une âme depuis Toull, d'où je viens directement. J'y ai passé la journée à causer avec le curé Alain, et personne à Toull n'attendait Jeanne. Expliquez-moi...

— Arthur, vous savez tout. Vous avez deviné que j'aimais Jeanne, et c'est pour cela que vous vous êtes éloigné ; mais ce que vous ne savez peut-être pas, Arthur, c'est que je l'ai offensée, et c'est pour cela qu'elle a fui, elle aussi. Mon Dieu, mon Dieu! quelle épouvante s'éveille en moi ! Où peut-elle être ?

— Mais depuis quand est-elle partie?

— Depuis une heure, deux heures, je ne sais pas au juste; les minutes me paraissent des années, depuis que je la cherche...

—Elle ne peut être loin, dit M. Harley. Tenez, séparons-nous. Je vais retourner à Toull, je m'informerai d'elle dans toutes les cabanes du chemin, et vous, vous en ferez autant en retournant à Boussac. Elle se sera infailliblement arrêtée quelque part.

— Vous avez raison, Arthur, séparons-nous.

— Attendez, Guillaume ; pourquoi cette inquiétude si vive?... Quel danger peut courir Jeanne dans ce pays où elle est connue, et où les paysans sont doux et hospitaliers?

—Mon ami, je crains que quelqu'un chez moi n'ait offensé Jeanne, encore plus que moi! J'ignore... Je soupçonne... Mais je ne puis accuser ma mère! Je crains le désespoir de Jeanne!

— Mais qu'avez-vous à lui dire pour la calmer, Guillaume? Êtes-vous autorisé à la ramener chez vous ?

— Arthur, sa place est chez moi, auprès de moi, entre ma sœur et moi!...Elle ne doit plus nous quitter,et je sais ce que j'ai à lui dire pour la consoler du mal que je lui ai fait.

—Si vous êtes décidé à lui offrir une affection digne d'elle et de vous, Guillaume, vous me connaissez, vous pouvez compter...

— Vous ne me comprenez pas, Arthur. Je vous expliquerai tout... mais ce n'est pas le moment; il faut chercher Jeanne et la retrouver.

— Vous pourriez bien la chercher longtemps! » dit une voix creuse qui partit d'auprès d'eux. Et Guillaume, détournant la tête, vit, courbé sous une besace et appuyé sur un bâton, un homme qui avait l'apparence d'un mendiant et qui passait lentement entre son cheval et celui d'Arthur.

« Qui êtes-vous? s'écria l'Anglais en le saisissant au collet d'une main athlétique. Savez-vous où est la personne dont nous parlons?

—Si vous commencez par m'étrangler, je ne pourrai pas vous le dire, » répondit Raguet avec beaucoup de sang-froid.

L'obscurité ne permettait pas à Guillaume de distinguer les traits de maître Bridevache, et d'ailleurs il est douteux qu'ils se fussent gravés dans sa mémoire. Il lui semblait pourtant que cette voix lugubre ne lui était pas inconnue. Voyant que sir Arthur allait le lâcher, il s'empara à son tour du collet de sa veste déguenillée en lui répétant la question de l'Anglais :

« Qui êtes-vous ?

—Je suis un pauvre homme qui cherche sa pauvre vie, répondit Raguet ; mais ne me violentez pas et ne me *dessoubrez* pas mes vêtements (1), mon bon monsieur, ça ne vous servirait à rien. »

Et Raguet fit tourner lestement le manche de son bâton dans sa main sèche et agile, prêt à en assener au besoin un coup violent sur la tête de Sport, pour forcer le cavalier à lâcher prise.

« Brave homme, dit M. Harley avec douceur, si vous avez vu passer une jeune fille par ce chemin, dites-nous où elle peut être, et vous en serez récompensé.

—Quelle jeune fille cherchez-vous? reprit Raguet feignant de ne plus être sûr de son fait. Si c'est Jeanne, la fille de la mère Tula, la belle pastoure d'Ep-Nell, comme on l'appelle dans le pays, je l'ai vue, je l'ai très-bien vue, et je sais quel chemin elle a pris. Mais vous n'y êtes pas, mes enfants, et vous pourriez bien vous promener toute la nuit de Toull à Boussac sans la rencontrer.

— Dites donc où elle est ! s'écria Guillaume. Dépêchez-vous !

. — Et si je vous le dis, et que ça me fasse du tort, qu'est-ce qui m'en reviendra ?

— Combien voulez-vous ? dit l'Anglais.

—Dame! monsieur, vous êtes assez raisonnable pour savoir qu'un service en vaut un autre. Et ces services-là, ça se paye ; ça se paye même cher au jour d'aujourd'hui. Vous n'avez pas de trop bonnes intentions

(1) *Dessoubrer* (déchirer).

sur la fille, car vous voilà deux, et elle n'aura guère moyen de se défendre, si elle ne veut pas de vous.

— Misérable! gardez pour vous vos infâmes commentaires, et parlez ou je vous étrangle! s'écria Guillaume, hors de lui, en secouant le vagabond.

— Doucement, mon petit, doucement, dit Raguet; prenez garde de vous échauffer! On ne moleste pas comme ça le pauvre monde; on s'en repent un jour ou l'autre.

— Calmez-vous, Guillaume, reprit sir Arthur, et laissez ce vieux fou s'expliquer. Voyons, vous savez bien qui nous sommes probablement, et vous voulez de l'argent. Vous en aurez; parlez vite, ou nous croirons que vous voulez nous tromper, et nous n'écouterons plus rien.

— Je ne sais pas qui vous êtes, répondit le prudent Raguet. Je ne vous connais pas. Un pauvre malheureux comme moi, ça ne connaît pas les grands bourgeois. Mais on sait bien que les grands bourgeois courent la nuit après les jolies filles, et on sait aussi que la Jeanne d'Ep-Nell est renommée. Mêmement que vous n'êtes pas les premiers qui la cherchiez par ici; j'en ai déjà rencontré un autre tout à l'heure.

— Un autre! s'écria Guillaume en frémissant de rage; parlez donc, où est-il?...

— Il a emmené la fille quelque part où vous ne les trouverez jamais! répondit Raguet avec malice. Bon soir, mes chers messieurs! Que le bon Dieu vous assiste! » Et, faisant un mouvement imprévu, d'une

vigueur dont sa frêle échine n'eût jamais paru suscep-
tible, il se dégagea de l'étreinte convulsive de Guillaume, et fit quelques pas en avant, en se secouant
comme un loup qui s'échappe d'un piége.

« Voulez-vous un louis, deux louis, pour dire la vérité? s'écria le sage et prudent M. Harley en le rejoi-
gnant avec promptitude.

— Cinquante francs pour votre part, et autant pour
la part de votre compagnon, je ne demande pas
mieux !... Mais vous dire où sont les amoureux, ça
ne vous y mène pas, à moins que vous ne connaissiez
le pays; et encore faut-il avoir passé par nos chemins
plus de cent fois pour ne pas se tromper.

— Conduisez-nous, vous aurez cent francs.

— Oh! cent francs pour me déranger comme ça de
ma route ! un homme d'âge comme moi ! Nenni, monsieur, vous n'y pensez pas.

— Dites donc ce que vous voulez, et marchez devant !

— Ça vaudrait bien le double !...

— Va pour le double; et si vous dites la vérité,
vous aurez encore quelque chose de plus. Mais nous
ne voulons pas être trompés, et n'espérez pas nous
faire tomber dans un guet-apens. Nous sommes armés et nous nous méfions.

— Ça veut dire que vous avez peur ! Eh bien! moi
aussi j'ai peur... Les loups ont peur des hommes, les
hommes ont peur du diable; tout le monde a peur
dans ce monde.

—De quoi avez-vous peur ?

— D'être trompé aussi. Si, au lieu de me payer, vous me montrez vos pistolets ! Je voudrais savoir vos noms afin d'aller vous réclamer mon argent demain chez vous, si vous ne me tenez pas parole ce soir.

— Cet homme se joue de nous, dit Guillaume à son ami. Il est impossible que Jeanne ne soit pas seule, Arthur ; débarrassez-vous de ce mendiant, et passons outre. »

Quand Raguet vit hésiter M. Harley, il se ravisa. Il savait trop à qui il avait affaire pour craindre la banqueroute, et sa méfiance n'était qu'un jeu de son esprit méprisant et railleur.

« Écoutez, dit-il, il y a du danger pour moi là dedans ; pour plus de deux cents francs de danger, bien sûr ! Mais ça m'est égal, je vous retrouverai bien, et je vous ferai honte devant le monde si vous ne me récompensez pas honnêtement. Allons ! en route ! venez par ici. » Et il prit le chemin de Lavaufranche qu'il gardait depuis une demi-heure comme une sentinelle vigilante.

« Je vous assure que ce scélérat nous égare, dit Guillaume à sir Arthur. Il nous attire dans quelque repaire de bandits, et tout cela ne peut que nous retarder.

— Essayons toujours ! dit M. Harley.

—Allons, mes maîtres, dit Raguet, vous n'avancez guère, et pourtant vous avez huit jambes à votre service.

—C'est vous qui ne marchez pas, dit l'Anglais. Indiquez-nous le chemin, au lieu de nous retarder en vous traînant comme une grenouille devant nos chevaux.

—Vous croyez, monsieur? » dit Raguet, en déposant sa besace sous une grosse pierre, où il était sûr de la retrouver, car elle était marquée d'une croix et sanctifiait ainsi le *carroir* maudit des quatre chemins, lieux toujours consacrés au sabbat et hantés par le diable, quand ils ne sont pas préservés par le signe de la religion. Et aussitôt le mendiant courbé se redressa, le vieillard languissant parut avoir chaussé des bottes de sept lieues, et il se mit à courir devant les cavaliers avec tant de légèreté, que les chevaux avaient de la peine à le suivre.

Quand il fut arrivé au pied de la montagne de Montbrat, il s'arrêta.

« C'est ici, messieurs, dit-il, et vous allez me payer, ou je réveille le monde de la métairie, et vous n'arriverez pas comme vous voudrez à la porte du château à M. Marsillat.

—Marsillat! » s'écria Guillaume reconnaissant enfin la ruine où il était venu autrefois déjeuner avec le jeune licencié en droit. Et il gravit le sentier de la montagne au grand galop, tandis que sir Arthur comptait à Raguet douze pièces d'or, sans lâcher la crosse d'un pistolet qu'il avait tenu armé durant cette course, à tout événement.

« Maintenant lâchez ma bride, ou je vous fais sauter la cervelle, » dit-il au vagabond en lui remettant son salaire.

Raguet vit scintiller dans l'ombre l'or de l'Anglais et l'acier de son arme. Il obéit, palpa et compta lestement ses louis, puis s'élançant sur ses traces :

« Vous trouverez la clef du cadenas de la cour, dit-il, dans la première pierre à droite; sans cela vous n'arriveriez pas. La tourelle est à main droite aussi; dans le préau il y a un couloir, et puis une seule porte, qui n'est pas si solide qu'elle en a l'air. Vous m'avez bien payé, je suis content. Marsillat est un *chétif* qui laisserait mourir un homme de faim à sa porte. Si vous me vendez à lui, je suis un homme mort; mais vous aurez de mes nouvelles auparavant. » Et il disparut.

Arthur eut bientôt rejoint Guillaume. Maître de lui-même, il arrêta le jeune homme à la porte du château.

« Ami, lui dit-il, qu'allez-vous faire? Il se peut qu'on nous ait trompés; cela est même fort probable. Quelle apparence que Marsillat ait entraîné Jeanne du chemin de Toull jusqu'ici, malgré elle? et vous ne supposez pas que cette noble créature ait suivi volontairement le ravisseur! D'ailleurs, croyez-vous donc Marsillat capable d'un forfait?

— Je le crois capable de tout! Hâtons-nous, Arthur, un pressentiment me dit que Jeanne est ici, et qu'elle y est en danger.

— Et cependant cela n'est guère croyable. Calmez-vous donc, Guillaume, et cherchons un prétexte pour nous présenter ainsi à pareille heure et à l'improviste chez votre ami.

— Lui, mon ami! il ne le fut jamais, le lâche!

— Cher Guillaume la jalousie vous transporte et
vous égare. Marsillat est peut-être fort innocent. Dans
tous les cas, le sang-froid est ici nécessaire. De quel
droit allons-nous faire une visite domiciliaire à main
armée chez un homme avec lequel nous n'avons jamais eu que de bonnes relations ? Guillaume, je crois,
j'ose dire que Jeanne m'est au moins aussi chère qu'à
vous, que son honneur m'est plus sacré que le mien
propre... et pourtant, je ne puis, sur la parole d'un
bandit, me décider à venir follement la demander ici,
le pistolet au poing. Je n'ai pas hésité à suivre ce vagabond, je n'hésite pas non plus à chercher Jeanne
jusque dans la demeure de M. Marsillat; mais je voudrais que tout cela se passât suivant les lois de l'honneur, de la bienveillance, et de l'équité.

— Arthur, dit Guillaume en pressant fortement le
bras de son ami, il m'est impossible d'être calme, ma
tête brûle et mon sang bout dans mes veines..., et
pourtant, je ne suis pas jaloux de Jeanne, et je ne suis
pas amoureux d'elle... du moins, je ne le suis plus...
je ne l'ai peut-être jamais été... C'était une erreur de
mon imagination, un instinct sacré qui parlait en moi
à mon insu! Arthur, vous seul au monde pouvez et
devez recevoir cette confidence, car vous voulez et
vous devez être l'époux de Jeanne... Jeanne est la fille
de mon père! Jeanne est ma sœur... Jugez maintenant si j'ai le droit de la chercher jusque dans les bras
de Marsillat, et si mon devoir n'est pas de la disputer
à un infâme, les armes à la main. »

M. Harley, étourdi un instant de cette révélation, reprit vite son sang-froid et sa présence d'esprit.

« Guillaume, dit-il, laissez-moi parler le premier, laissez-moi faire, et maîtrisez-vous, quoi qu'il arrive. »

Il mit pied à terre, chercha la clef que Raguet lui avait indiquée, et ouvrit le cadenas. Voulant empêcher son jeune ami d'agir le premier, il le laissa prendre à gauche pour faire le tour du préau, et se dirigea, sans l'avertir, vers la tourelle. Il pénétra dans le couloir, se heurta contre Finaud, qui grattait patiemment à la porte depuis une heure, colla son oreille contre cette porte, et entendit la voix retentissante de Marsillat qui prononçait avec énergie ces paroles :

« N'importe, Jeanne ! malgré toi ! Tu ne seras pas damnée pour un baiser ! »

Et des pas précipités résonnèrent dans la voûte sonore. Arthur entendit comme deux mains qui se jetaient sur la porte avec détresse et qui cherchaient à l'ébranler.

« Laissez-moi, M. Léon, vous me faites peur, dit en même temps la voix altérée de Jeanne. Si c'est pour jouer, c'est bien cruel ; j'aime mieux me tuer que de plaisanter avec ces choses-là. »

C'est alors que M. Harley, pour distraire Marsillat de ses desseins coupables, frappa brusquement à la porte, avec une énergie peu commune. Guillaume était déjà derrière lui.

« Ah, merci, mon bon Dieu, s'écria Jeanne, voilà du monde pour vous faire honte, M. Léon.

— Jeanne, dit Marsillat à voix basse, tais-toi, ou tu es morte!

— Oh! tuez-moi, si vous voulez, dit Jeanne, je ne me tairai pas. »

Mais elle se tut cependant, en entendant Marsillat armer son fusil de chasse qu'il venait de tirer de l'étui à la hâte, et dont il dirigea le canon vers les assiégeants.

« Jeanne, dit-il en parlant toujours à voix basse, le premier qui entrera ici malgré moi le payera cher !.. Si tu as le malheur de dire un mot, de faire un cri, un mouvement... j'ouvre... et je tue!..

—M. Marsillat, répondit Jeanne du même ton, pour l'amour du bon Dieu, ouvrez tranquillement. Je ne dirai rien, je ne me plaindrai pas de vous. Ne faites pas de malheur; je ne demande qu'à sortir sans qu'on fasse attention à moi, et je ne dirai jamais que vous avez voulu me faire peur. »

On frappait toujours à la porte, et si fort qu'on l'ébranlait sur ses gonds. Mais comme on ne disait rien encore, Marsillat pensa sérieusement que ce ne pouvait être que des voleurs. Il le fit entendre à Jeanne, et lui dit de se retirer dans l'alcôve, dans la crainte d'une balle.

« Si c'est des voleurs, dit Jeanne, je vous aiderai bien à vous défendre, M. Léon. Je ne suis pas peureuse. Pourvu que je sorte après, c'est tout ce qu'il me faut.

—Eh bien! ma brave fille, dit Marsillat avec résolution et sang-froid, prends mon autre fusil qui est

accroché au mur, là, au-dessus de la cheminée, et
tiens-toi derrière le battant de la porte pour me le
passer, quand j'aurai fait feu du premier. Qui va là ?
ajouta-t-il à haute voix, que demandez-vous ?

— Ouvrez, M. Marsillat, dit sir Arthur, j'ai à vous
parler pour une affaire importante et très-pressée.

— Oh ! oh ! mon maître, répondit Marsillat, vous
parlez bien haut et vous frappez bien fort ! Est-ce là
votre manière de réveiller les gens ? Donnez-moi le
temps de m'habiller. Toi, dit-il rapidement à Jeanne,
cache-toi derrière les rideaux de mon lit, si tu ne veux
pas que je fasse sauter les dents à ton jaloux d'Anglais.

—Moi ! que je me cache derrière votre lit ? répondit
Jeanne. Oh ! non, monsieur, jamais ! je ne veux pas
me cacher.

— Comme tu voudras, dit Marsillat. Tu n'en pas-
seras pas moins pour ma maîtresse, et tu vas voir ce
qui en résultera ! A ton aise, ma mignonne ! Eh bien,
M. Harley ! reprit-il à haute voix, quand vous serez
las de caresser ma porte à coups de poing, vous me
le direz ! Je vous avertis que je ne suis pas seul, et
que je ne vous ouvrirai pas. Allez m'attendre dans le
préau, et à distance, je vous prie. J'irai savoir ce
qu'il y a pour votre service.

— Vous ouvrirez, monsieur, s'écria Guillaume, incapable de se contenir plus longtemps, et vous nous
épargnerez la peine d'enfoncer la porte.

— Ah ! ah ! vous êtes deux ? reprit Marsillat d'un
ton froid et méprisant. Eh bien ! cassez la porte, mes

maîtres, si le cœur vous en dit. J'ai quatre balles à votre service, car je n'entends pas vous laisser voir ma maîtresse.

— Ce sera donc un combat à mort! s'écria Guillaume, car nous sommes armés aussi, et nous voulons entrer.» Et il secoua la porte d'une main exaspérée par la colère.

Marsillat, voyant la porte fléchir et le pêne sortir de la muraille fraîchement recrépie, renonça à l'idée de se défendre. Il lui paraissait indigne de lui de se venger d'un enfant jaloux, autrement que par le mépris et le ridicule. Il recula pour laisser tomber la porte, et chercha Jeanne dans l'obscurité pour la préserver de toute atteinte. Mais Jeanne avait disparu comme par enchantement. Il crut qu'elle avait pris le parti de se cacher derrière le lit, et il allait s'en assurer lorsque la porte tomba avec fracas. Sir Arthur s'élança le premier, les mains vides, et faisant à Guillaume un rempart de son corps, malgré la fureur impétueuse du jeune homme qui s'efforçait de le dépasser, et qui avait un pistolet dans chaque main.

« Très-bien, messieurs, à merveille! dit Marsillat. Je pourrais vous recevoir comme des brigands, puisqu'il vous plaît de mettre en commun vos transports jaloux et de venir violer indécemment et grossièrement mon domicile. Mais j'ai pitié de votre ridicule conduite, et je vous en demande à l'un et à l'autre une réparation plus loyale et plus brave que l'assassinat; deux contre un à tâtons !

— Tout de suite, si vous voulez, monsieur! s'écria Guillaume. La lune se lève, et votre cour est assez vaste pour que nous puissions prendre la distance convenable.

— Non, messieurs, demain, dit Marsillat; j'ai ici une femme que je ne veux pas effrayer davantage. Je serai calme jusqu'à ce que vous m'ayez fait l'honneur de vous retirer.

— Nous ne nous retirerons pas sans vous avoir engagé et persuadé, j'espère, de laisser sortir cette femme de chez vous, dit très-froidement M. Harley; car nous savons, M. Marsillat, qu'elle est ici contre son gré.

— Vous en avez menti, s'écria Léon, et puisque vous me forcez à la défensive, je vous déclare que vous n'approcherez pas de mon lit aussi facilement que de ma porte.

— Jeanne, s'écria Guillaume, sortez de l'endroit où vous êtes cachée, répondez!... Ne craignez rien, nous venons pour vous défendre.

— Vous voyez, messieurs, dit Léon avec ironie, que la personne qu'il vous plaît d'appeler Jeanne n'est point ici, ou que, si elle y est, elle ne désire pas beaucoup votre protection, car elle ne répond pas.

— Si elle ne répond pas, s'écria Guillaume, c'est qu'elle est évanouie ou morte; mais que vous l'ayez outragée ou assassinée, elle n'en sera pas moins arrachée d'ici, fallût-il à l'instant même châtier en vous le dernier des scélérats et des lâches. »

La lune commençait à monter au-dessus des collines de l'horizon et le vent frais, qui accompagne souvent le lever de cet astre, balayait les nuages devant lui. La clarté pénétrait dans l'intérieur de la tourelle, et sir Arthur, dont la vue était aussi claire et aussi nette que le jugement, s'était assuré que le lit n'avait pas été dérangé, que les rideaux étaient ouverts, qu'il n'y avait dans cette petite pièce, de construction antique, aucune armoire, aucun cabinet où Jeanne pût être cachée. Elle était donc sortie furtivement au moment où Guillaume et lui s'étaient précipités dans la chambre, elle avait dû profiter de ce premier moment de trouble pour s'esquiver adroitement. Ces réflexions rendirent à sir Arthur le calme qui commençait à l'abandonner.

« Guillaume, dit-il au jeune baron, ne vous laissez pas dominer ainsi par le soupçon et la crainte. Jeanne n'est pas ici, elle s'est enfuie déjà dans le préau, allez la rejoindre et laissez-moi parler avec M. Marsillat.

— Jeanne ne sait pas mentir, Jeanne me dira la vérité, s'écria Guillaume en s'élançant dehors. Malheur à vous, Marsillat, si son témoignage vous condamne.

— M. Marsillat, dit Arthur, lorsqu'il fut seul avec lui, je ne me permettrai pas de qualifier votre conduite, car j'ignore par quels artifices vous avez pu décider Jeanne à venir ici. Mais je sais qu'elle en est sortie pure, et j'aime à croire que vous espériez la convaincre sans avoir l'intention de lui faire violence.

— Faites-moi grâce de vos commentaires sur ma conduite et mes intentions, monsieur, répondit Léon.

Je n'ai de comptes à rendre à personne, et c'est vous qui avez à m'expliquer votre propre conduite et vos propres intentions. J'attends de vous de promptes excuses ou une prochaine réparation.

—Si j'avais agi légèrement, dit M. Harley, si j'étais entré ici sans la certitude d'y trouver Jeanne, si je ne l'avais entendue protester contre vos entreprises, enfin si je m'étais trompé, je vous ferais toutes sortes d'excuses, et je n'attendrais pas, pour vous l'offrir, que vous demandiez une réparation. Mais j'ai écouté à votre porte, j'ai fait cette action pour la première et, j'espère, pour la dernière fois de ma vie. Je n'en ai pas de honte; car je suis en droit, maintenant, de défendre l'honneur d'une pauvre fille contre vos criminelles et indécentes vanteries. Cependant, comme je ternirais ce précieux honneur à vos yeux en m'en déclarant légèrement le champion, je suis bien aise de vous faire connaitre à quel titre je suis intervenu ici entre Jeanne et vous.

— Oui, dit Marsillat avec un rire amer, c'est précisément cela que je désirerais savoir. Quel droit avez-vous plus que moi sur une très-belle fille que vous ne voulez certainement pas épouser, puisque vous êtes marié ?

— Marié, moi? Qui vous a fait ce conte ridicule? On vous a trompé, monsieur, je suis libre, et mon intention est de demander Jeanne en mariage, même après l'épreuve délicate qu'elle a subie ici, même au risque du ridicule que vous avez certainement l'intention de déverser sur moi à cette occasion. Ne soyez donc pas étonné que, comme prétendant à la main de Jeanne, je vienne la soustraire à vos outrages. Je ne serais pas entré chez vous de moi-même avec effraction. J'aime à croire qu'après avoir un peu parlementé, vous m'auriez ouvert cette porte que l'impétuosité de notre jeune ami a brisée malgré moi. Mais Guillaume était poussé par une exaltation qui est au fond de son caractère, et par un sentiment d'indignation et de sollicitude j'oserais dire paternelle. Il venait, à titre de parrain, c'est-à-dire d'unique protecteur et d'unique parent adoptif de l'orpheline, de m'accorder sa main et de ne constituer son défenseur. Je sais, monsieur, que tout ceci vous paraît fort ridicule, et je sais à quels sarcasmes je me livre en vous parlant avec cette franchise : c'est pour cela que vous considérant dès aujourd'hui comme l'ennemi de mon repos et de mon honneur, dans le passé, dans le présent, et dans l'avenir, je vous prie de m'assigner le jour et l'heure où il vous plaira de me donner satisfaction.

— Ainsi, monsieur, vous, l'agresseur, vous vous posez en homme offensé et provoqué, parce qu'il vous plaît d'épouser la fille que le petit baron n'a pas eu l'esprit de séduire ? C'est admirable ! J'accepte le rôle que vous m'attribuez ; pourvu que je me batte avec vous, c'est tout ce que je demande.

— Prenez-le comme vous voudrez, monsieur ; je vous laisse le choix des armes et tous les avantages du duel. Je vous prie seulement de le fixer à demain matin.

— Non, monsieur, je plaide après-demain une cause d'où dépendent l'honneur et l'existence d'une famille estimable. Nous sommes aujourd'hui lundi. Je pars au point du jour pour Guéret. Nous remettrons la partie à mon retour, c'est-à-dire à mercredi matin.

— C'est convenu, monsieur, et j'espère que jusquelà vous n'exigerez ni n'accorderez aucune autre promesse de réparation.

— Je vous comprends, Arthur, dit Marsillat avec la bienveillance d'un homme parfaitement calme et courageux. Vous voulez soustraire votre jeune ami à mon ressentiment. Engagez-le à rétracter les injures dont il lui a plu de me gratifier tout à l'heure, et je vous promets de les pardonner.

— C'est ce que je n'obtiendrais jamais de lui, monsieur, et je n'essayerai même pas. Mais votre ressentiment doit se contenter pour le moment d'un duel, et votre honneur sera satisfait si j'y succombe.

— Je sais que Guillaume est un enfant, et je lui ai donné assez de leçons de tir et d'escrime pour ne pas désirer une partie que je jouerais contre lui à coup sûr. Comptez donc sur ma générosité, et obtenez du moins pour ce soir qu'il ne me pousse pas à bout.

— Comme je ne puis répondre de rien à cet égard, ayez l'obligeance de ne pas vous exposer davantage à l'emportement de ce jeune homme; je vais le rejoindre et l'emmener. Veuillez, je vous en supplie, ne pas sortir de cette chambre.

— Allons, je vous le promets, Arthur. Mais nous ne convenons ni du lieu ni des armes?

— Vous en déciderez. J'attends un billet de vous demain matin, et je me conformerai à vos intentions. Je ne suis exercé à aucun genre de combat, le choix m'est donc indifférent.

— Diable! votre aveu me fâche! je suis aussi fort à l'épée qu'au pistolet.

— Je le sais, tant mieux pour vous.

— Nous tirerons au sort!

— Comme il vous plaira! »

M. Harley salua Léon, et s'éloigna à la hâte. Guillaume revenait vers la tour avec agitation. Il était seul.

« Arthur, s'écria-t-il, Jeanne est introuvable. J'ai cherché dans toutes ces ruines. Elle ne peut être que dans la tour. Marsillat l'a cachée quelque part. Il faut qu'elle soit bâillonnée ou mourante! Il y a là un crime affreux. Laissez-moi! laissez-moi rentrer! j'étranglerai ce scélérat. Je lui arracherai la vérité; je briserai tout dans son repaire infâme!

— Non, Guillaume, non! dit M. Harley. J'ai tout observé, son maintien, sa voix et tous les détails de sa demeure. Le chien de Jeanne est entré avec nous dans la tour, et il n'y est plus, je ne le vois pas ici. Il m'a semblé que je l'entendais aboyer et hurler dehors pendant que je parlais avec Léon. Jeanne s'est enfuie, n'en doutez pas. Nous allons la retrouver en chemin.

— Votre confiance est insensée, Arthur! Si Jeanne est ici, nous la laissons au pouvoir de ce misérable! Non, non, je ne sortirai pas d'ici sans elle!

— Tenez, dit Arthur en lui montrant le portail sombre de l'antique forteresse, ne voyez-vous pas là quelqu'un debout! c'est Jeanne, à coup sûr! »

Et ils s'élancèrent vers la herse, où une ombre venait en effet de glisser rapidement.

Mais ce n'était pas Jeanne. C'était Raguet le Bridevache, qui leur faisait signe de le suivre.

XXIV

MALHEUR.

Raguet marchait en regardant derrière lui avec précaution, et il s'empressa d'attirer Guillaume et son ami au dehors.

« Vous cherchez la fille, dit cet espion vigilant, et sans moi vous ne la trouverez jamais. Combien me donnerez-vous pour ça?

— Ce que tu voudras, l'ami! répondit Guillaume. Tu ne nous as pas trompés, nous ne compterons pas avec toi.

— Si fait, mon garçon, comptez! comptez! » dit Raguet en tendant son chapeau.

Guillaume prit une poignée d'argent dans sa poche

t la jeta dans le chapeau crasseux du mendiant, sans
ompter, en effet.

« Ça va bien, la nuit n'est pas mauvaise, dit Ra-
uet; *z'enfants*, venez avec moi. »

Et il les conduisit le long des murs extérieurs du
ieux château, jusqu'à un endroit où il s'arrêta. Le
terrain, formé par les éboulements de la ruine, avait
té déblayé et creusé en cet endroit, comme pour
loigner du sol la fenêtre étroite, mais dégarnie de
ses antiques barreaux de fer, qui éclairait la tourelle
consacrée au pied-à-terre de Marsillat. On avait rejeté
plus loin les terres et les graviers amoncelés contre
les premiers étages, et cette fenêtre se trouvait ainsi
élevée à environ vingt-cinq pieds au-dessus d'une
sorte de tranchée à pic qui n'était que le rétablisse-
ment partiel de l'ancien bassin des fossés du château.
Marsillat, passant souvent les nuits dans ce manoir
isolé et désert, s'y était fortifié dans son petit coin du
mieux qu'il avait pu.

« Où nous conduisez-vous? dit Guillaume en voyant
Raguet lui indiquer le fond de la tranchée du bout de
son bâton.

— Elle est là, » dit Raguet, en parlant très-bas et en
se cachant derrière un monceau de débris pour n'être
pas vu de la fenêtre de la tourelle. Puis il releva son
bâton, indiqua cette fenêtre, fit avec le bâton un geste
de haut en bas, et ajouta avec un accent d'indifférence
atroce :

« Il n'y a qu'un petit malheur, c'est que la fille

est morte!.. Allez-y voir, pourtant... Je ne pourrais pas en jurer... Je l'ai bien vue tomber, mais je n'ai pas voulu en approcher... pas si bête!.. Si l'affaire va en justice, on me mettrait encore ça sur le corps. »

Et Raguet disparut comme la première fois. Il craignait Marsillat; mais ce dernier, qui avait observé, du seuil de la tourelle, la sortie de Guillaume et d'Arthur, cherchait Jeanne dans le préau, et se frottait les mains à l'idée de la retrouver blottie et tremblante dans quelque coin.

Arthur et Guillaume étaient déjà au fond de la tranchée. Plus morts que vifs, ils s'agitaient en vain dans l'ombre. Jeanne n'y était pas.

« Grâce au ciel, dit Arthur, cette fois le vagabond nous a trompés.

— Hélas! non, dit Guillaume, car voici la mante de Jeanne! » Et il ramassa la cape de la jeune fille.

Ils gagnèrent le fond du ravin en suivant la direction de la tranchée, cherchant toujours, mais n'osant plus échanger leurs réflexions sinistres.

Au fond de ce ravin étroit coule un filet d'eau cristalline qui murmure entre les rochers. La source est là qui sort de terre entre de gros blocs de pierre blanche, et qui se verse au dehors avec un petit bruit de pluie continue. Guillaume courut vers ces bancs de pierre, et fit un cri de joie en voyant clairement une femme assise au bord de la source. La lune, dégagée des nuages, donnait en plein sur elle. C'était Jeanne immobile, pâle comme une morte, mais le sourire sur les lèvres et les mains croisées l'une sur l'autre dans une attitude rêveuse et tranquille. Finaud était couché à ses pieds.

« Jeanne! s'écria Guillaume en tombant à genoux auprès d'elle, tu es sauvée! Dieu soit mille fois béni!

— Oh! ça n'est rien, rien du tout, mon parrain, dit Jeanne en se laissant prendre et baiser les mains. Bonjour, monsieur Arthur? Vous voilà donc revenu de votre voyage? Ça va bien, merci.

— Jeanne, Jeanne, d'où viens-tu? Où étais-tu cachée? Tu n'es donc pas tombée? dit Guillaume.

— Tombée? Oui, m'est avis que je suis tombée un peu fort... C'est la jument à M. Marsillat... Non... je ne sais plus, mon parrain; j'ai dormi par terre un peu de temps; mais mon chien m'a tant tiraillée qu'il m'a réveillée. Et puis je me suis levée; je n'ai rien de cassé, car j'ai marché un bout de chemin. Mais je suis *vannée* de fatigue, et je me suis assise là pour me reposer un brin. Je ne vois plus mes vaches. Claudie les aura fait rentrer. Allons, mon parrain, ça doit être l'heure de rentrer aussi à la maison.

— Oui, *à la maison!* bonne Jeanne, ma chère Jeanne, ô ma sœur chérie!

— Votre sœur? Elle est donc là, cette chère mignonne? Je ne la vois pas! Dame! je suis tout étourdie, mon parrain. Je ne sais pas d'où je sors.

— Guillaume, dit M. Harley à voix basse, ne la faites pas parler, ne lui donnez pas d'émotion. Elle s'est jetée par la fenêtre, cela est certain... » Et Arthur, se retournant, regarda en frémissant l'élévation de cette fenêtre que l'éloignement faisait paraître plus effrayante encore. « Quelle chute! dit-il, et quel miracle Dieu a daigné faire pour nous! Ceci n'aura pas de suites, j'espère. Mais vous voyez qu'elle n'a pas sa tête. Essayons de la faire marcher, et ne la forçons pas à rassembler trop vite ses souvenirs. En arrivant à Boussac, il sera prudent de la faire saigner.

— Allons-nous-en, pas vrai, mon parrain? dit Jeanne en se levant avec aisance. J'ai quasiment peur dans l'endroit d'ici, je ne sais pas pourquoi; mais je ne reconnais pas le pays. Sommes-nous dans le pré du château? N'avez-vous pas vu le père Raguet?

— Raguet! dit Guillaume, qui se rappela enfin où il avait rencontré le vagabond. Non, Jeanne, il n'y a pas de Raguet ici. Viens, ta chère mignonne t'attend pour te dire bonsoir avant de se coucher. »

Jeanne marcha sans effort, appuyée sur le bras de Guillaume; et Arthur, ayant été chercher les chevaux qu'il avait attachés à la porte du château en arrivant, la prit en croupe sur le sien. Ils regagnèrent la route de Boussac, en longeant le vallon de la Petite-Creuse. Guillaume reconnaissait le pays, éclairé par la lune; mais ils marchaient au pas le plus lentement possible, sir Arthur craignant de provoquer chez Jeanne quelque crise nerveuse, à la suite de l'ébranlement terrible de sa chute. Ému, triste et tendre, le bon M. Harley n'osait lui adresser la parole que pour lu demander de temps en temps comment elle se trouvait.

« Mais je me trouve bien, répondait Jeanne avec surprise. Pourquoi donc que vous me demandez ça, M. Harley? Je ne suis pas malade. »

Jeanne avait perdu la mémoire de toutes ses afflictions. Elle paraissait méditer, et cependant l'action de sa pensée n'était plus qu'un rêve paisible et doux. La nuit était devenue sereine et la lune brillante. Jeanne entendait encore le chant du grillon et de la grenouille verte, comme lorsqu'elle avait marché dans la direction de Toull. Mais elle tournait le dos cette fois au clocher de son village, et elle ne s'en rendait pas compte. Tout flottait devant ses yeux, tout se confondait dans ses souvenirs et dans ses affections : la veillée d'autrefois, dans les prés du Bourbonnais, la rêverie du matin dans la rosée autour du château, ses chèvres d'Ep-Nell, ses vaches de Boussac, le bon curé Alain, la chère demoiselle Marie et jusqu'à sa mère Tula, qui n'était plus morte dans cet heureux songe qu'elle faisait les yeux ouverts. Quelquefois elle penchait sa tête languissante sur l'épaule de sir Arthur; et sa pudeur craintive ne s'apercevait pas de la présence de cet ami, dont elle sentait vaguement l'influence affectueuse et chaste s'étendre sur elle, à son insu.

Lorsque nos trois jeunes personnages arrivèrent au château de Boussac, il était plus de minuit. La maison était à peu près déserte. Claudie, inquiète et consternée, pleurait seule dans un coin de la cuisine, et Cadet n'était pas là pour prendre les chevaux. Il était monté à cheval lui-même, sur l'ordre de madame de Boussac, pour chercher Guillaume, dont le brusque départ et la longue absence avaient excité les plus vives inquiétudes.

« Votre maman a été sur la route de Toull jusqu'à dix heures du soir pour vous attendre, dit Claudie au jeune baron. Elle ne fait que de rentrer et mam'zelle Marie y est encore avec madame de Charmois.

— J'irai rassurer mademoiselle Marie, dit M. Harley à Guillaume; allez consoler votre mère, et recommandez à Claudie de bien soigner Jeanne. En passant, j'avertirai le médecin de venir la voir.

— Le médecin est encore dans la maison, dit Claudie. Tu t'es donc trouvée *fatiguée* (malade), ma Jeanne?

— Ça n'est rien, » dit Jeanne en l'embrassant.

Madame de Boussac gronda son fils en pleurant. Contre sa coutume, Guillaume reçut les tendres reproches de sa mère avec un peu de hauteur et d'impatience. Il prétendit qu'il ne savait pas pourquoi depuis quelques jours tout le monde voulait lui persuader qu'il était malade; il assura qu'il se sentait fort bien, qu'il avait eu la fantaisie, comme cela lui était arrivé bien d'autres fois, d'aller voir le lever de la lune sur les Pierres jomatres; qu'en chemin il s'était arrêté pour causer avec sir Arthur, qu'il avait saisi au passage; puis qu'ils avaient rencontré Jeanne qui venait de voir sa tante malade à Toull; qu'il avait pris sa filleule en croupe, et qu'il avait eu le malheur de la laisser tomber; qu'enfin ils étaient revenus par la route d'*en bas*, pour ne pas fatiguer cette pauvre enfant, un peu brisée de sa chute.

L'histoire était plus vraisemblable et plus naturelle ainsi, que la vérité même. Madame de Boussac ne la révoqua point en doute; seulement elle fit observer à son fils qu'il était ridicule et déplacé de prendre sa servante en croupe; que c'étaient des usages de la petite bourgeoisie du pays, fort détestables à imiter. Comme elle paraissait un peu plus sensible à cette inconvenance de Guillaume qu'à l'accident de Jeanne, Guillaume irrité répondit avec un peu d'aigreur que Jeanne était son égale de toutes les manières, et qu'il s'étonnait de la différence que l'on voulait établir, dans les préjugés du monde, entre une personne et une autre. Madame de Boussac trouva qu'il s'insurgeait; elle le gronda, pleura encore, et ne put le décider à écouter la fin de sa mercuriale.

« Chère maman, lui dit-il, il y a une chose qui m'inquiète beaucoup plus : c'est l'accident arrivé à ma sœur de lait, à votre filleule, à cette amie, à cette enfant de la maison, que je ne pourrai jamais traiter de servante ni regarder comme telle, après tous les soins qu'elle m'a prodigués dans ma maladie. Vous permettrez que j'aille m'informer d'elle et que je remette à demain notre discussion sur la supériorité de mon rang et l'excellence de ma personne. J'ai eu bien tort, en effet, de prendre Jeanne sur mon cheval, puisque j'ai eu la déplorable maladresse de la laisser tomber. Voilà, je le confesse, la seule chose dont je me repente amèrement. »

Quelques instants après, madame de Boussac, Guillaume, Marie, Arthur et le médecin étaient rassemblés autour de Jeanne, que Marie avait fait venir dans sa chambre, et qui s'étonnait de leur inquiétude. Le médecin s'en étonnait aussi. Jeanne ne se rappelant pas d'où elle était tombée, et se persuadant que ce qu'elle entendait raconter de son accident était la vérité, avait pourtant le souvenir distinct d'être tombée sur ses pieds sur de la terre fraîchement remuée, puis sur ses genoux, et d'être restée *comme endormie* pendant un temps qu'elle ne pouvait préciser.

« Eh pardieu! ce n'est rien qu'un étourdissement, disait le médecin, la surprise, la peur peut-être. Elle ne souffre de nulle part, donc elle ne s'est pas fait de mal. Il n'y a donc pas à s'occuper de cela.

— Monsieur, dit sir Arthur en l'attirant à l'écart, la chute est plus grave que Jeanne ne peut se la retracer. Lorsque le cheval s'est effrayé, il était tout au bord du chemin de Toull, dans l'endroit le plus escarpé. Jeanne est tombée d'environ trente pieds de haut, sur le gazon à la vérité, mais elle a été évanouie près d'un quart d'heure, et, depuis ce temps, elle n'a plus bien sa tête. Elle sait à peine où elle est, et ce qui lui est arrivé.

— Ceci change la thèse, dit le médecin, et je vais la saigner sur-le-champ. Une atteinte à la moelle épinière, un déchirement des enveloppes du cœur, une commotion cérébrale sont toujours fort à craindre dans ces cas-là. »

La saignée pratiquée, Jeanne reprit peu à peu ses couleurs, et s'endormit bientôt sur un lit que Marie lui fit dresser à côté du sien. Inquiète de sa chère pastoure, comme elle l'appelait, elle ne voulait pas la quitter d'un instant. Sir Arthur, plus robuste que Guillaume, dont les violentes émotions étaient toujours suivies de grands accablements, ne songea même pas à se coucher. Attentif au moindre bruit, il vint souvent sur la pointe du pied écouter dans le corridor, et il ne se tranquillisa qu'en voyant, à l'aube nouvelle, Jeanne sortir de la chambre de sa *mignonne* pour aller respirer l'air des champs. Jeanne crut qu'il venait de se lever aussi; et persistant à le croire marié, ne sentant plus aucune méfiance contre lui, elle lui accorda une franche poignée de main en le remerciant de tout ce qu'il avait fait pour elle.

« Est-ce que vous vous souvenez de tout? lui demanda-t-il.

— Oui, oui, monsieur, je me souviens bien de tout ce matin. Mais c'est égal, il faudra toujours dire comme vous avez dit hier soir. Ça arrange tout, et ça sauve M. de Marsillat d'une vilaine histoire.

— Jeanne, vous pardonnez donc à ce méchant homme?

— Dieu ordonne de tout pardonner, et d'ailleurs M. Marsillat n'est pas méchant. Il a voulu rire un peu sottement avec moi. Vous savez, c'est un garçon qui

a de vilaines manières. Il veut toujours embrasser les
filles. Moi, ça ne me convenait pas, et je vous réponds
que je l'aurais bien fait finir. Je suis plus forte qu'il
ne croit, et il ne m'aurait jamais embrassée. Mais il
s'amusait à m'enfermer dans sa chambre et à me faire
toutes sortes de contes pour m'empêcher de sortir.
On aurait dit qu'il voulait faire mal parler de moi en
me gardant là toute la nuit. Aussi quand j'ai reconnu
votre voix et celle de mon parrain, j'ai été bien contente. Mais ne voilà-t-il pas qu'il a fait comme s'il voulait vous tuer tous les deux à cause de moi? Il a pris
son fusil, et il m'a dit : « Si tu ne veux pas paraître
d'accord avec moi pour être ici, je vas casser la tête
à l'Anglais. » Je ne voulais pas qu'il fît un malheur ;
il paraissait comme fou dans ce moment-là, et ce que
vous lui disiez à travers la porte le fâchait tant, qu'il
me disait des paroles très-dures et très-méchantes.
Alors, d'un côté, la peur qu'il ne fît un mauvais coup,
dans la colère ; d'un autre côté, la honte d'être trouvée là par vous, et de ne pouvoir pas me défendre de
ce qu'il vous dirait contre moi, tout cela m'a décidée
à sauter par la fenêtre. Il y avait bien juste la place
pour passer mon corps ; mais, en me forçant un peu,
j'en suis venue à bout. Il m'avait bien dit que la fenêtre était haute. J'avais déjà voulu m'en aller par là.
Il avait dit que je me tuerais. Mais j'aimais mieux
me tuer que de faire tuer mon parrain et vous. D'ailleurs, c'étaient des menteries, que tout ça. Il ne voulait
pas vous faire de mal, j'en suis bien sûre à présent,

et sa fenêtre n'était déjà pas si haute, car je ne me suis point fait de mal, et si on ne m'avait pas *faiblesée* en me tirant du sang, je serais comme à l'ordinaire. C'est égal, je suis bien contente que tout ça soit fini, et je m'en vas aux champs. J'ai été simple de croire à toutes les folies qu'on m'a dites hier. Je vois bien que mon parrain et ma marraine sont toujours bons pour moi, et que ma chère mignonne m'aime toujours. Il n'y a que madame Charmois qui me haïsse. Je ne sais pas pourquoi; je l'ai toujours servie de mon mieux, elle et sa demoiselle. »

Sir Arthur voulut faire raconter à Jeanne ce qui s'était passé entre elle et madame de Charmois; mais il lui fallut le deviner aux réponses timides et incomplètes de la jeune fille, trop pudique et trop fière pour rapporter les termes dont s'était servie la comtesse pour l'outrager.

« Ma chère, disait à cette dernière madame de Boussac en prenant le chocolat avec elle dans sa chambre à coucher, où la sous-préfette, un peu parasite par-dessus le marché, vint la relancer de bonne heure, vous n'avez réussi à rien. Je ne sais pas ce que vous avez imaginé de dire à Guillaume hier soir, mais votre secret n'a pas eu le sens commun. Guillaume est plus amoureux que jamais de Jeanne. Mes enfants se sont pris tous deux pour cette fille d'une passion ridicule; vous voyez que Guillaume a couru après elle comme un fou. Elle a failli se casser le cou, ce qui a augmenté le délire de mon fils. Ma fille va jusqu'à la faire cou-

cher dans sa chambre! Si je me permets une observa-
tion, ces enfants, exaltés, je ne sais vraiment à quel
propos, sont tout prêts à entrer en révolte contre moi
et, qui pis est, contre toute la société. Ils me jettent à
la tête les services et les vertus de Jeanne : moi, je
suis faible, et au fond, je l'aime, cette Jeanne. Je n'ou-
blierai jamais qu'elle m'a sauvé mon fils. Quand vous
l'avez chassée hier, j'étais furieuse contre vous; ce
matin, je crois que je le suis encore un peu : car vous
nous avez fait du mal à tous, sans remédier à rien.

— Que fait Guillaume ce matin? demanda, d'un air
de triomphe paisible, la grosse sous-préfette.

— Il dort.

— A neuf heures du matin, il dort encore? Et cette
nuit, a-t-il dormi?

— Parfaitement, à ce que m'assure Cadet qui a
passé la nuit dans sa chambre à son insu, par mon
ordre.

— Eh! reprit la Charmois, s'il dort si bien, il est
donc guéri de son amour!

— Vous l'espérez?

— Je vous en donne ma parole d'honneur, je lui
ai dit hier des mots magiques. Il a couru après
Jeanne, c'est tout simple; il la traite comme son égale,
cela devait être. Il veut qu'on la chérisse et qu'on la
respecte; je m'y attendais. Mais il n'est plus amoureux, et il épousera Elvire quand nous voudrons.

— Je ne vous comprends pas.

— Vous ne devinez pas? allons, il faut vous aider.

La nourrice de Guillaume était servante ici dans la maison, avant votre mariage. Elle était belle, je m'en souviens; elle était peut-être sage, je ne m'en soucie guère; vous fûtes jalouse d'elle au bout de deux ou trois ans de ménage; vous pouviez avoir tort... Mais enfin, Jeanne aurait pu être la fille de votre mari, et se trouver la sœur de Guillaume.

— Juste Dieu! c'est là le conte que vous avez fait à mon fils?

— Pourquoi non?

— Mais c'est absurde, mais c'est faux! M. de Boussac était à l'armée et n'avait jamais vu Tula avant la naissance de Jeanne.

— Qu'est-ce que cela me fait? Qui donc ira donner ces renseignements exacts à Guillaume? Il est trop délicat pour aller aux informations. Je n'ai dit qu'un mot, un demi-mot, et il a deviné.

— Mais vous calomniez la mémoire d'une honnête créature!

— L'honneur de la mère Tula? Le grand mal! Vous voilà comme vos enfants, ma chère!

— Mais vous chargez d'une faute le père de Guillaume! Vous faites descendre mon mari dans l'estime de son fils!

— Pourquoi donc? Est-ce que l'honneur d'un homme tient à ces choses-là? Si j'avais fait passer Jeanne pour votre fille, ce serait bien différent. Mais, dans mon hypothèse, tout s'adaptait à merveille à la situation de Guillaume. J'ai fait de la poésie, de l'éloquence là-dessus. Le sujet prêtait! Guillaume amoureux d'une paysanne... Son père pouvait l'avoir été. Guillaume cédant à sa passion!... Son père y avait cédé. La morale était que de ces amours-là résultent de pauvres enfants qui sont élevés dans la domesticité, qui tombent un jour ou l'autre dans la misère, qui sont exposés à se dégrader, à rencontrer leurs frères, et à devenir l'objet de passions incestueuses... Là-dessus Guillaume s'est écrié : « Merci, merci, madame! en voilà bien assez. Je suis guéri; vous m'avez rendu un grand service. Mais que ma mère l'ignore toujours; qu'elle croie à la sagesse de mon père. Pauvre père! de quel droit le blâmerais-je, quand moi j'ai failli l'imiter, etc., etc. » Eh bien! Zélie, riez donc un peu, et faites-moi compliment!»

Mme de Boussac ne se fit pas beaucoup prier pour rire, et finit par admirer et par remercier la Charmois.

« Si je vous approuve, lui dit-elle, c'est à condition pourtant que vous me promettrez de désabuser bientôt Guillaume, en lui déclarant que vous étiez dans l'erreur sur sa prétendue parenté avec Jeanne.

—Bien, bien! dit la Charmois, quand il sera le mari d'Elvire et quand Jeanne sera bien loin. Si, au contraire, vous la gardez ici, comptez que Guillaume se croira toujours son frère, que je fournirai des preuves, des témoins, s'il le faut.

—Vous avez le diable au corps! » dit madame de Boussac.

Cependant, Guillaume, en s'éveillant, sonna pour

demander des nouvelles de Jeanne. Sa surprise fut grande quand il apprit qu'elle gardait ses vaches, comme si de rien n'était. Il courut chez sa sœur, et lui parla ainsi :

« Marie, il faut que le rêve de bonheur de notre ami se réalise enfin. Il faut aussi que le sort de Jeanne soit élevé à la hauteur de son âme. Jusqu'à présent, Harley a été timide, Jeanne méfiante ou incrédule, et nous, Marie, nous avons été faibles et irrésolus. Il est temps de sortir de notre neutralité. Il est temps de travailler ouvertement et activement à rapprocher ces deux cœurs faits pour se comprendre, et ces deux existences qui, à les voir sans préjugé, semblent faites l'une pour l'autre.

— Tu me fais trembler, répondit Marie, je ne comprends rien à ce qui s'est passé hier ; car j'ai appris, par hasard, mais de source certaine, que la tante de Jeanne n'a pas été malade. C'était donc un prétexte pour nous quitter. Il faut que quelque chose lui ait déplu en nous et l'ait fait amèrement souffrir. Il me semble que ce sont tous ces bruits de mariage qui ont circulé malgré nous, et qui lui sont revenus, qui causaient sa résolution de nous abandonner. Tu as eu le pouvoir de nous la ramener. Béni sois-tu, ami ! car je sens que je ne pourrais plus vivre sans Jeanne. Je l'aime, Guillaume, je l'aime comme si elle était notre sœur ! Et si tu veux que je te le dise, hier soir, en vous attendant avec anxiété, il m'est passé par la tête mille désirs romanesques, mille rêveries insensées.

Croirais-tu que, malgré moi, je me surprenais à méditer le projet de quitter le monde, de dépouiller ce rang qui me pèse, de m'enfuir au désert, de chausser des sabots et d'aller garder les chèvres avec Jeanne sur les bruyères d'Ep-Nell? Oui, j'ai fait ce doux songe, et je ne jurerais pas de ne jamais le réaliser, s'il me fallait vivre ici, loin de ma belle pastoure, de ma *Jeanne d'Arc*, de l'héroïne de tous les poëmes *inédits* que je porte dans mon cœur et dans ma tête depuis un an!

— Chère Marie, adorable folle! répondit le jeune baron en souriant d'un air attendri, ton rêve se réalisera sans secousses, sans scandale, et sans douleur de la part des tiens. Jeanne épousera sir Arthur; ils vivront près de nous, avec nous. Ils achèteront des terres incultes qu'ils fertiliseront peu à peu, et sur lesquelles tu pourras longtemps encore errer avec ta belle pastoure, en chantant des airs rustiques, et en voyant courir de jeunes chevreaux. Il te sera loisible même de porter des sabots les jours de pluie, et de te croire bergère. Mais pour que tout cela arrive, il faut nous hâter de rendre à Jeanne la confiance qu'elle doit avoir en nous. Il faut qu'elle sache que personne ici ne veut la séduire, et qu'un honnête homme veut l'épouser. Il faut surtout qu'elle quitte ses vaches et qu'elle vienne passer la journée dans ta chambre avec nous trois. Il faut enfin que ce soir cette étrange mais bienheureuse union soit décidée, afin que sir Arthur puisse demander sérieusement la main de Jeanne à notre mère, sa marraine et sa protectrice naturelle.

— Allons, dit Marie, le cœur me bat; et je crains de m'éveiller d'un si doux songe! »

Il serait difficile de peindre la surprise naïve et prolongée de Jeanne, lorsqu'assise dans la chambre de Marie, entre sa chère mignonne et son parrain, qui lui parlait avec animation, elle vit M. Harley, courbé et presque agenouillé devant elle, lui demander de consentir à l'épouser. On eut quelque peine à vaincre son humble méfiance et l'effet des mensonges de madame de Charmois. Pourtant, lorsque Arthur lui eut donné sa parole d'honneur qu'il n'avait jamais été marié, et lorsque Jeanne entendit son parrain et sa mignonne se porter garants de la loyauté de leur ami, elle devint sérieuse, pensive, croisa ses mains sur son genou, pencha la tête et ne répondit rien. Elle semblait ne plus rien entendre et prier intérieurement pour obtenir du ciel la lumière et l'inspiration. Son teint était animé, son sein légèrement ému. Jamais elle n'avait été aussi belle; et Marsillat, qui l'avait si souvent comparée à Galatée, eût dit qu'elle venait de recevoir le feu sacré de la vie pour la première fois.

Mais cet éclat fut de peu de durée. Peu à peu le teint de Jeanne redevint pâle comme il l'avait été la veille après sa chute. Ses yeux fixés perdirent leur brillant, et sa bouche retrouva l'expression de réserve et de fermeté qui lui était habituelle.

« Eh bien Jeanne, dit Marie en la secouant comme pour la réveiller de sa méditation, ne veux-tu donc pas être heureuse?

— Ma chère mignonne, répondit Jeanne en lui bai-
sant les mains, vous me souhaitez quasiment plus de
bien qu'à vous-même, et je vous aime quasi autant que
j'ai aimé ma chère défunte mère. Jugez donc si je
voudrais vous faire plaisir! Vous, mon parrain, vous
faites tout pour me reconsoler d'un peu de peine que
vous m'avez causé, et dont je vous assure bien que je
ne me souviens plus. Soyez assuré que j'ai autant de
confiance en vous qu'en votre sœur. Et, tant qu'à vous,
monsieur, dit-elle à sir Arthur en lui prenant la main
avec cordialité, je vois bien que vous êtes un brave
homme, un bon cœur et un vrai chrétien. Je me sens
autant d'amitié pour vous que si vous n'étiez pas Anglais. N'allez donc pas vous imaginer que j'aie rien
contre vous. Mais aussi vrai que je m'appelle Jeanne,
et que Dieu est bon, quand même je voudrais me marier avec vous, ça ne me serait pas permis. Ainsi ne
m'en voulez pas, et ne croyez pas que je me fasse un
plaisir de vous refuser; je dirais que c'est un chagrin
pour moi, si ce n'était pécher de dire qu'on est mé-
content de faire la volonté de Dieu.

— Jeanne, dit M. Harley, je ne sais pas vos motifs,
mais je crois les avoir devinés. J'ai causé hier toute la
journée avec M. Alain; et bien qu'il n'ait pas trahi le
secret de votre confiance, il m'a laissé pressentir que
vous étiez sous l'empire de scrupules religieux. Je ne
crois pas impossible que la religion elle-même fasse
cesser ces scrupules mal fondés. Permettez donc que
je vous amène demain monsieur le curé de Teull, afin

qu'il cause avec vous et qu'il décide, en dernier ressort, si vous devez me refuser ou me laisser l'espérance.

— Ça me fera grand plaisir de revoir M. Alain, dit Jeanne ; c'est un bon prêtre et un homme juste ; mais ce n'est qu'un prêtre, et il ne peut rien changer à ce qu'on doit au bon Dieu. Faites-le venir si vous voulez, monsieur, je causerai avec lui tant qu'il vous plaira ; mais ne croyez pas que ça me décide au mariage. M. Alain vous dira comme moi, quand il m'aura écoutée, que je ne puis pas me marier.

— Jeanne, j'espère que tu te trompes, dit mademoiselle de Boussac, et que ton curé te fera changer d'avis. Tu es bien pâle, ma chère pastoure, et je crains qu'en refusant, tu ne fasses violence à ton cœur. »

Jeanne rougit faiblement et pâlit encore davantage après.

« J'ai un peu mal à la tête, dit-elle ; je ne peux pas rester comme ça sans travailler, enfermée dans une chambre. Vous voyez, M. Harley, que je ferais une drôle de dame ! Laissez-moi aller à mon ouvrage, ma mignonne. »

XXV

CONCLUSION.

Le sujet et le résultat de l'entretien de Jeanne et de ses trois amis restèrent secrets, et elle ne reparut au château qu'après le coucher du soleil.

« Je n'ai jamais vu fille pareille, dit Cadet en la voyant entrer; elle est à moitié morte et elle travaille toujours! Tu veux donc t'achever bien vite, vilaine Jeanne?

— Pourquoi me dis-tu ça, *vilain* Cadet! répondit Jeanne en souriant. Est-ce que tu t'es tué, toutes les fois que le grand cheval à mon parrain t'a jeté par terre?

—C'est égal, dit Claudie en regardant Jeanne, je ne sais pas si tu es tombée ou non, je ne sais pas où tu as

passé l'autre soir ; mais tu as la figure et la bouche
aussi blanches qu'un linge ; et si tu restais comme ça,
on aurait peur de toi. Tu sembles la grand'fade ! »

Cependant Jeanne retourna aux champs le lendemain matin. Mais elle avoua à Claudie qu'elle n'avait
pas fermé l'œil de la nuit. Mademoiselle de Boussac l'avait fait encore coucher dans sa chambre ; et
Jeanne, dans la crainte de réveiller sa chère demoiselle, s'était tenue silencieuse et calme, malgré le supplice de l'insomnie. Cependant elle assurait n'avoir
qu'un petit mal de tête. Peut-être que Jeanne était
trempée pour supporter héroïquement la souffrance.
Peut-être aussi qu'elle avait une de ces organisations
exceptionnelles, si parfaites, que la douleur physique
semble n'avoir pas de prise sur elles. Le médecin qui
l'interrogea dans la matinée, un peu inquiet de sa pâ-
leur, et se méfiant du calme de ses réponses, demanda
à Claudie ce qu'elle en pensait.

« Ah ! que voulez-vous, monsieur, dit-elle, il y a
du monde qui se plaint, il y en a qui ne se plaint pas.
Jeanne est de ceux qui ne disent jamais rien. Vous
savez ! on ne peut jamais dire si ils souffrent ou si ils
ne sentent pas leur mal. »

Guillaume et Arthur étaient montés à cheval dès
l'aurore pour aller inviter le curé de Toull à venir
déjeuner au château. Cette matinée avait été choisie
d'abord pour la rencontre entre Marsillat et M. Harley. Mais Marsillat avait envoyé un exprès, la veille au
soir, pour dire qu'il avait à *répliquer* dans son pro-

cès, et qu'il ne serait libre de quitter Guéret que dans deux jours, lorsqu'il aurait gagné ou perdu sa cause. Le courage physique de Léon et sa dextérité à manier toutes sortes d'armes étaient assez connues pour qu'il ne dût pas craindre d'être accusé d'hésitation ni de lenteur volontaire, et il est certain qu'il était impatient de se voir en face de sir Arthur. Mais il pensait que ce duel et les événements qui y avaient donné lieu se répandraient bientôt, que le blâme s'élèverait contre sa conduite, que le ridicule, qu'il craignait encore davantage, l'atteindrait peut-être. Il ignorait la chute de Jeanne, il n'avait pas revu Raguet. Ce misérable, qui avait longtemps cherché à le servir malgré lui dans l'espoir d'une récompense, s'était vu déçu dans ses rêves de cupidité par l'aversion et le mépris de l'avocat. Il était indigné que ce dernier eût profité de ses avis sans les payer; et comme il errait dans l'ombre *au carroir* du mont Barlot, au moment où Léon avait décidé Jeanne à venir à Monthrat, il avait peut-être entendu de quelle manière l'avocat s'exprimait sur son compte. Il s'était tourné contre lui par vengeance autant que par vénalité, et le fuyait désormais, craignant son ressentiment; mais Léon ignorait tout. Il pensait que Jeanne se plaignait de lui en confidence à tout le château de Boussac, que tout le château le condamnait, que toute la ville le raillerait bientôt; et, ne pouvant guère espérer de se laver de ce qu'il appelait son *fiasco*, il voulait au moins y apporter le contre-poids d'un grand succès oratoire. Il avait une belle cause; il tenait à la plaider, à la gagner avec éclat, et à cacher, comme il disait, les blessures de son amour-propre sous les lauriers de sa gloire.

Guillaume, tout occupé de Jeanne et d'Arthur, paraissait avoir oublié Marsillat. Il nourrissait contre lui des projets de vengeance plus ardents que ceux d'Arthur; mais il les cachait, luttant de dévouement dans le secret de son âme avec celui qu'il regardait déjà comme son frère, et qui, de son côté, poursuivait le même dessein de préserver les jours de l'ami, en se risquant le premier dans une rencontre périlleuse pour l'un comme pour l'autre.

M. Alain, après le déjeuner, fut emmené dans la prairie par les jeunes gens, sous prétexte de promenade; et tandis qu'Arthur, Guillaume et Marie faisaient le guet pour empêcher les deux *Charmoise* de venir les troubler, le bon curé de Toull causait avec Jeanne derrière les rochers. M. Alain avait réussi dans la solitude à étouffer le tumulte de ses pensées. Il avait fouillé tous les viviers de la montagne de Toull, et il n'avait pas retrouvé la source minérale engloutie par la reine des fades. Mais il n'en était que plus passionné pour cette découverte; et à force de gratter la terre, de recueillir des médailles et des légendes, il était devenu tout à fait antiquaire; c'est-à-dire qu'il avait oublié la jeunesse et ses agitations douloureuses. Il grisonnait déjà, et, à trente-deux ans, il avait la tournure d'un vieillard. La fièvre marchoise avait contribué aussi à mettre de la gravité dans les allures et de l'abattement dans les pensées du pauvre et honnête pasteur.

« Ma fille, disait-il à Jeanne, vous avez fait vœu de chasteté, de pauvreté et d'humilité, je le sais; mais...

— Il n'y a pas de *mais*, monsieur l'abbé, répondit Jeanne. C'est un vœu que ma chère défunte mère m'a commandé de faire, lorsque je n'avais encore que quinze ans, et que vous m'avez permis de renouveler ensuite, tous les ans à la fête de Pâques, en recevant la communion.

— Oui, mon enfant, votre premier vœu était un peu entaché de paganisme; car vous aviez juré sur la pierre d'Ep-Nell, et c'est un tabernacle dont je ne puis reconnaître la sainteté. Ainsi ce premier vœu est de nulle valeur à mes yeux, et ne vous engage pas, d'autant plus que la cause première était tout à fait illusoire et vaine. Vous le savez maintenant.

— La cause, la cause, monsieur le curé!... ce n'était pas une mauvaise cause. Ma mère pensait que les fades du mont Barlot me voulaient du mal, puisqu'elles m'avaient mis ces trois pièces de monnaie dans la main; et elle disait que, pour m'en préserver, il fallait faire trois vœux à la sainte Vierge : vœu de pauvreté, à cause du louis d'or; vœu de chasteté, à cause du gros écu; vœu d'humilité, à cause de la pièce de cinq sous... Voilà comme la chose s'est passée... Je ne peux rien y changer.

— Mais vous ne compreniez pas ces vœux ? vous étiez un enfant.

— Oh! que si, que je les comprenais bien !

— Mais vous les faisiez pour obéir à votre mère!

— Ça me faisait plaisir de lui obéir, et de plaire aussi à la sainte Vierge, et de ressembler à la Grande Pastoure, qui a fait avec ses vœux le miracle de chasser les Anglais de notre pays.

— Très-bien. Mais la sainte Vierge, vous l'appeliez la grand'fade ! avouez-le, Jeanne!

— Qu'est-ce que ça fait que nous l'appelions comme ça, monsieur le curé? ça ne lui fait pas déshonneur.

— Et vous pensiez aussi qu'elle vous aiderait à trouver le trésor et à *donzer* le veau d'or.

— Elle avait bien aidé la Grande Pastoure à gagner des villes et des grandes batailles ! elle pouvait bien me faire trouver le trou à l'or, qui doit rendre riche tout le monde qui est sur la terre. Ça n'est pas par avarice que je souhaitais cela, monsieur le curé, puisque j'avais fait vœu de pauvreté pour moi. Ça n'était pas pour trouver un mari, puisque j'avais fait vœu de virginité. Ça n'était pas non plus pour faire parler de moi, puisque j'avais fait vœu d'être humble et de rester bergère.

— Mais, maintenant, Jeanne, toutes ces rêveries de trésor, de guerre aux Anglais, et de richesse universelle qui vous ont bercée si longtemps, doivent être effacées. Vous voyez bien qu'il n'y faut plus songer, et il serait peut-être plus heureux et plus méritoire pour vous d'épouser un homme riche, humain et bienfaisant, qui ferait cultiver nos terres, assainir notre pays, et qui rendrait les habitants heureux en travaillant.

— Je ne sais pas tout cela, monsieur l'abbé. C'est possible; et si ça est, je fais grand cas des bonnes intentions de cet homme-là. Mais je ne peux pas manquer à mon vœu. Je l'ai fait dans la liberté de ma pure volonté; et vous avez beau dire que puisque les pièces de monnaie me sont venues de trois messieurs, au lieu de me venir de trois fades, la cause est nulle; je dis, moi, que le vœu reste, et qu'on ne peut pas se moquer de ces choses-là.

— A Dieu ne plaise que je vous conseille de vous en moquer! Les engagements pris avec Dieu et notre conscience sont mille fois plus sacrés que ceux qu'on prend avec les hommes. Mais il y a des vœux téméraires que l'Église ne reconnaît pas valables, et que Dieu repousse, quand la cause est frivole ou coupable.

— Coupable, monsieur l'abbé? Quand mon vœu était destiné à rendre heureux tous les pauvres qui sont sur la terre!

— Convenez que vous bâtissiez vos engagements sur une erreur, sur une grossière superstition. Votre cœur est admirablement bon, votre intention fut sublime; mais votre esprit n'est pas éclairé, Jeanne, et vous devez croire que j'en sais un peu plus long que vous sur les cas de conscience.

— Pourtant, monsieur l'abbé, quand vous m'avez

permis de renouveler mon vœu dans l'église, vous
l'avez cru bon !

— Et je le crois tel encore ; mais la cause du vœu
n'en est pas moins nulle. J'ignorais, à cette époque,
tout ce que je sais maintenant des superstitions toul-
loises ; et vous avez, vous autres, une manière de vous
confesser par métaphores, qui fait qu'on croit que
vous parlez du bon Dieu quand vous parlez quelquefois du diable.

— Oh non ! monsieur l'abbé, dit Jeanne un peu fâchée, je ne rends pas de culte au diable !

— Je ne dis pas cela, ma bonne Jeanne ; mais je
dis que l'Église pourrait maintenant vous relever de
tous vos vœux.

— L'église, monsieur l'abbé ? l'église de Toull-
Sainte-Croix ?

— Non, mon enfant, l'Église de Rome. »
Jeanne baissa les yeux d'un air soumis. Elle avait
bien entendu parler de l'Église romaine à son curé.
Mais, comme chez tous les paysans, ce mot ne pré-
sentait à son esprit d'autre sens que celui d'un bel
édifice, objet de dévotion particulière, où les riches
seuls pouvaient aller en pèlerinage.

« Je crois bien à la vertu de l'Église de Rome, dit-
elle ; mais quoique ça, il n'y a pas d'Église qui soit
plus que Dieu. »
Le curé essaya de se faire comprendre. Il parla
du pape. Les paysans entendent aussi quelquefois
parler du pape. Ils l'appellent *le grand prêtre*, et

Jeanne ne pouvait s'habituer à l'appeler autrement.

« Ce n'est pas au *grand prêtre*, pas plus qu'à l'Église de Rome, ou à celle de Saint-Martial de Toull, que j'ai fait mes promesses, dit-elle, c'est au bon Dieu du ciel, à la grand'Vierge et à ma chère défunte mère. Celle-là ne disait pas toujours comme vous, monsieur l'abbé; et sur l'article des vœux, elle me disait tous les jours que c'était pour ma vie, et qu'il serait plus heureux pour moi de mourir que de me trahir. »

Le curé parla encore du chef de l'Église, du successeur des apôtres qui a reçu les clefs du ciel et le pouvoir de lier ou de délier les âmes sur la terre. Jeanne fut étonnée, un peu scandalisée même, malgré elle, du pouvoir que M. Alain attribuait à un homme.

« Tout ça ne fera pas, dit-elle, que je n'aie pas juré sur la pierre d'Ep-Nell, pendant que le corps de ma pauvre défunte était là et que notre maison achevait de brûler, de ne jamais manquer à mes vœux, de ne jamais me marier et de ne jamais tant seulement embrasser un homme par amour. Vous voyez bien, monsieur l'abbé, que l'âme de ma mère viendrait me faire des reproches, que la grand'Vierge me retirerait son amitié, et que le bon Dieu me punirait. Ce qui est fait, on n'y peut rien changer, et c'est inutile d'y penser. »

Rien ne put ébranler la résolution saintement fanatique de Jeanne; et M. Alain, qui l'interrogeait plus encore pour l'éprouver que pour la convaincre, revint d'auprès d'elle pénétré d'une admiration qu'il communiqua à ses jeunes amis, mais qui n'empêcha pas sir Arthur de tomber dans une profonde tristesse. Il s'approcha de Jeanne, attacha sur elle un regard douloureux, et s'éloigna sans lui dire un mot, résolu à respecter sa foi et à vaincre son propre amour, s'il en avait la force.

Le curé vint prendre congé de madame de Boussac qui, ne sachant point le vrai motif de sa visite, l'avait trouvé très-amusant et très-original. Elle essaya de le pousser encore un peu sur les étymologies, mais personne ne la seconda plus. L'espérance avait donné, une heure auparavant, de la gaieté aux amis de Jeanne. Ils faisaient maintenant de vains efforts pour sourire.

M. Alain allait se retirer, et déjà on lui amenait son cheval devant la porte, lorsque Marie monta à sa chambre pour prendre un livre qu'elle lui avait promis. Elle trouva Jeanne à genoux, sur son prie-Dieu, pâle comme la vierge d'albâtre qui recevait sa prière, les yeux ouverts et comme décolorés, les mains jointes et le corps roide et penché en avant. La fixité de son regard et de son attitude épouvanta mademoiselle de Boussac.

« Jeanne, s'écria-t-elle, qu'as-tu? réponds-moi! à quoi penses-tu? es-tu malade? ne m'entends-tu pas?»

Jeanne resta immobile, les lèvres entr'ouvertes. Marie la toucha, elle était glacée, et ses membres étaient roides comme ceux d'une statue. Aux cris de mademoiselle de Boussac, tout le monde accourut. On crut d'abord que Jeanne était morte. Le médecin n'était pas loin; il fit une seconde saignée, et Jeanne reprit ses esprits. Mais elle fit signe qu'elle voulait parler bas au curé; et, comme on l'engageait à ne pas parler encore, parce qu'elle était trop faible, elle dit d'une voix éteinte :

« Ça m'est commandé d'en haut. »

Quand tout le monde se fut éloigné, Jeanne dit à M. Alain de cette voix si faible qu'il avait peine à l'entendre :

« Je me sens malade, et je pourrais bien en mourir. Je veux donc vous faire ma confession, monsieur l'abbé, du moins mal que je pourrai... Vous savez... cet Anglais. Où est-il? Eh bien, j'y pensais, j'y pensais un peu trop souvent.

— Malgré vous, sans doute, ma fille?

— Oh! bien sûr. Mais je ne pouvais pas m'en empêcher; et depuis hier surtout, toute la nuit, je l'avais devant les yeux. Est-ce un péché mortel, monsieur le curé?

— Non sans doute, mon enfant. Ce n'est même pas un péché, puisque c'est une préoccupation involontaire.

— Mais encore tout à l'heure, dans le pré, en vous parlant, j'avais comme du regret d'être obligée de garder mon vœu. Ce n'est pas que j'aurais voulu être mariée, je n'ai jamais pensé à ça; mais ça me faisait de la peine de faire tant de peine à ce monsieur qui est si bon.

« — Eh bien! Jeanne, croyez-vous que je doive faire faire des démarches auprès du saint-père pour obtenir la rupture de vos vœux?

— Oh! jamais, monsieur l'abbé! D'ailleurs il ne s'agit pas de ça; il s'agit de mettre mon âme en paix. Ma chère amie qui est dans le ciel me reprocherait, j'en suis sûre, d'avoir des sentiments pour un Anglais, et j'ai honte d'être si faible. Mais quand il m'a regardée dans le pré, comme pour me dire adieu, ça m'a fendu le cœur. Il faut que vous me donniez l'absolution pour ça, monsieur l'abbé.

— Avez-vous eu des sentiments du même genre pour quelque autre, Jeanne?

— Oh! non, monsieur, jamais. J'ai eu du chagrin pour mon parrain, mais ça n'était pas la même chose. Je ne me reproche pas ça.

— Et... pardonnez mes questions, ma fille, mais au moment de vous donner l'absolution, je dois secourir votre mémoire, affaiblie peut-être; M. Léon Marsillat...

— Oh celui-là!...» dit Jeanne.

Mais elle était trop épuisée pour parler davantage; elle ne put que sourire avec une douceur angélique, à laquelle se mêla un peu de la fierté malicieuse de la femme. Le curé lui donna l'absolution, et elle parut s'endormir. Quand elle se réveilla, Marie tenait sa main; Guillaume, pâle et consterné, était à genoux près d'elle: M. Harley, debout et immobile, semblait paralysé. Le médecin lui avait dit des mots terribles :

« Le cas est grave, cette jeune fille pourrait bien succomber d'un instant à l'autre. »

Cependant Jeanne parut se relever de cette crise. Couchée sur le propre lit de sa chère mignonne, et soignée par elle, elle paraissait jouir d'un grand calme, et assurait ne pas souffrir du tout.

« Cela m'étonne, disait le médecin, il faut qu'elle dorme ou qu'elle souffre. »

Mais on ne put savoir à quoi s'en tenir. Claudie avait bien expliqué que Jeanne était de ceux qui ne se plaignent pas : était-elle de ceux qui souffrent? Marie pensait qu'elle était de la nature des anges, qui ne sentent d'autres douleurs que la pitié pour les hommes. »

Après sa confession, Jeanne parut avoir surmonté son regret ou abjuré ses scrupules; car elle regarda M. Harley sans émotion, et, en recevant les adieux de M. Alain, qui était forcé de retourner à sa paroisse avant la nuit, elle lui dit qu'elle se sentait l'âme en paix. Vers le coucher du soleil elle se souleva, et fit signe à Cadet et à Claudie de venir auprès d'elle.

« Mes enfants, leur dit-elle, si je venais à mourir, vous auriez soin de Finaud, pas vrai? »

Cadet ne répondit que par des sanglots. Claudie s'écria du fond de son cœur :

« Ne meurs pas, Jeanne, j'aimerais mieux mourir à ta place.

— Oh! je n'ai pas envie de mourir! dit Jeanne en souriant. Allez-vous-en servir le dîner, mes enfants; on l'a bien assez retardé pour moi : Mon parrain, ma mignonne, il faut aller dîner. Je suis très-bien, Dieu merci! Vous viendrez me revoir après, si vous voulez.

— Oui, oui, allez dîner, dit le médecin, qui tenait le bras de Jeanne. Le pouls est bon. Ce ne sera rien aujourd'hui. M. Harley, dit-il à sir Arthur en le suivant dans le corridor, avant un quart d'heure cette fille sera morte. Mademoiselle de Boussac est fort sensible, et l'aime beaucoup. Guillaume en est, je crois, fort amoureux. Ces pauvres enfants sont d'une santé trop délicate pour assister à un pareil spectacle. Emmenez-les, et ne faites semblant de rien, vous qui êtes un homme calme et fort. Ordonnez à Claudie de descendre et de rester en bas; elle jetterait les hauts cris dans la maison... Et puis, revenez, vous! Il est possible que nous ne soyons pas trop de deux pour contenir la malade dans ses dernières convulsions. »

M. Harley, la mort dans l'âme, suivit de point en point les indications prudentes du médecin. Lorsqu'il rentra, Cadet, qui était resté avec ce dernier auprès de Jeanne, vint à sa rencontre en riant.

« Oh la Jeanne va bien mieux, dit-il en frappant ses mains l'une dans l'autre, la voilà qui chante. Oh! je suis-t-i content! J'avais ben cru qu'alle en mourrait!

—Va-t'en servir le dîner, lui cria le médecin. Tu vois, nous n'avons plus besoin de toi. M. Harley, ajouta-t-il, fermez les portes et les fenêtres; qu'on n'entende pas cette agonie, et apprêtez-vous à un peu de courage. Ces fins-là sont violentes et affreuses. C'est une commotion cérébrale ; la crise se prépare... Ce ne sera pas long. »

Le sang-froid terrible du médecin glaçait le malheureux Arthur d'horreur et de désespoir. Jeanne, assise sur son lit, les joues bleuies et les yeux étincelants, caressait son chien, et chantait d'une voix forte et vibrante :

> « Là où donc est le temps
> Où j'étais sur ma porte,
> Assise dans mon habit blanc... »

Mais le docteur s'était trompé. La fin de Jeanne devait être aussi douce et aussi résignée que sa vie. Sa voix s'adoucit, et prit un accent céleste en murmurant ces vers d'une autre chanson du pays :

> « En traversant les nuages,
> J'entends chanter ma mort.
> Sur le bord du rivage
> On me regrette encor...

Oh moi là ! oh moi là ! Finaud, mon petit chien, mon chien Finaud ! *Tranche, tranche, aoulé, aoulé ! en sus, en sus... vire, vire, vire...*

— Que dit-elle, mon Dieu ! s'écria M. Harley en joignant les mains.

— Elle rassemble son troupeau pour partir ; elle excite son chien, dit le docteur. Elle se croit au pré... C'est le délire.

— M. Harley, je veux vous parler, dit tout à coup Jeanne d'une voix ferme. Vous êtes un brave homme, un homme selon Dieu... Ma chère mignonne est un ange du ciel... Je vous commande de la part du bon Dieu et de la sainte Vierge de l'épouser. Et puis, écoutez, vous irez à Toull-Sainte-Croix, vous assemblerez tous les gens de l'endroit, et vous leur direz de ma part ce que je vas vous dire : Il y a un trésor dans la terre. Il n'est à personne; il est à tout le monde. Tant qu'un chacun le cherchera pour le prendre et pour le garder à lui tout seul, aucun ne le trouvera. Ceux qui voudront le partager entre tout le monde, ceux-là le trouveront; et ceux qui feront cela seront plus riches que tout le monde, quand même ils n'auraient que cinq sous... comme moi... et comme sainte Thérèse... Vous leur direz cela, c'est la *connaissance*, la *vraie connaissance* que ma mère m'a donnée et qu'elle m'avait bien commandé de donner à tout le monde quand j'aurais trouvé le trésor. S'ils ne vous écoutent pas, ils pourront encore longtemps chanter la vieille chanson :

—Dites-moi donc, ma mère,
Où les Français en sont ?
—Ils sont dans la misère,
Toujours comme *ils étiont*. »

La voix de Jeanne avait un timbre céleste, mais elle s'affaiblissait de plus en plus.

« M. Harley, dit-elle, attendez, ne partez pas encore, mettez-moi mon chapelet dans les mains... Y
est-il ? Je ne le sens pas ; j'ai les mains mortes. Vous
aimerez ma chère mignonne, pas vrai ? Oh ! mon Dieu,
voilà la grand'fade devant moi ; comme elle est blanche !
Elle éclaire comme le soleil... Elle a le bœuf d'or sous
ses pieds ! Adieu, mes amis !... Adieu, mon Cadet,
adieu, ma Claudie... Êtes-vous là ? Vous prierez le
bon Dieu pour moi. Vous recommanderez ma pauvre
tante à mon parrain... Et ma chère mignonne ? Ah !
je la vois !... Bonsoir, ma chère demoiselle, voilà le
soleil qui s'en va... et le clocher de Toull qui se montre.
M'y voilà arrivée, Dieu merci !... »

Jeanne étendit le bras, et voulut saisir la main de
sir Arthur, qu'elle prenait pour Marie. Mais elle l'avait
dit, ses mains étaient mortes, et son bras demeura
roide hors du lit. Arthur le couvrit de baisers qu'elle
ne sentit pas. Elle avait cessé de vivre...

Guillaume, Arthur et Marie, brisés d'abord par la
douleur, retrouvèrent leur courage pour aller ense-
velir le corps de Jeanne dans le cimetière de Toull, à
côté de celui de Tula et de ses autres parents.

Malgré les précautions de sir Arthur, Guillaume se
battit en duel avec Marsillat. Ce dernier, en apprenant
la chute et la mort de Jeanne, avait perdu tout son
orgueil ; et il avait été s'accuser et gémir sincèrement
dans le sein de sir Arthur, qui lui avait tout pardonné,
le trouvant bien assez puni par ses remords. Mais
Guillaume continuait à être exaspéré contre lui. Sa

mère l'avait détrompé, en lui disant, pour le consoler de la perte de Jeanne, que cette jeune fille n'était pas et ne pouvait pas être sa sœur. Cette nouvelle révélation ne fit qu'irriter la douleur du jeune homme. Il accusa madame de Charmois et Marsillat de la mort de cette chaste victime ; et sa fureur contre Léon ne connut plus de bornes. Il le provoqua si amèrement que, malgré la patience et la générosité dont le bouillant avocat fit preuve en cette occasion, il le força de se battre avec lui dans le cromlech des Pierres jomatres. Marsillat avait fait tout au monde pour éviter cette extrémité. Il avait trop d'avantage sur Guillaume, et pourtant celui-ci le blessa grièvement à la cuisse. Marsillat en resta boiteux, ce qui nuisait singulièrement à ses succès auprès des beautés de la ville et de la campagne. Une difformité, ou une infirmité, si peu choquante qu'elle soit, est plus répulsive aux paysans qu'une laideur amère jointe à un corps bien constitué. Claudie ressentit l'effet de cette disgrâce de son amant ; ou plutôt, lorsqu'elle eut appris ou deviné la véritable cause de la mort de Jeanne, elle ne put jamais pardonner.

Marie et Arthur furent longtemps inconsolables. Mais Jeanne avait dicté ses dernières intentions à M. Harley, qui se fit un devoir de les remplir. Après Jeanne, Marie était pour lui la plus excellente de toutes les femmes. Leur affection pour cette chère défunte forma un lien sacré entre eux. Ils se marièrent un an après sa mort, et voyagèrent pendant quelque temps

avec Guillaume, pour le distraire de sa douleur sombre.
Le jeune baron se rétablit enfin, et n'épousa point
Elvire de Charmois, qui resta longtemps fille, au
grand déconfort de sa mère.

Guillaume n'était pas sans remords. Il se reprochait
amèrement d'avoir aimé Jeanne trop ou trop peu, de
n'avoir pas su vaincre à temps sa passion, ou de n'y
avoir pas héroïquement cédé, en offrant le premier à
sa filleule un amour noble et dévoué comme celui de
M. Harley. A quelque chose, dit-on, malheur est bon.
Cela est vrai, si le repentir nous purifie. Guillaume en
fut un exemple. Il ne fit point d'actions éclatantes; il
resta rêveur et amant de la solitude : mais il porta
dans toutes ses relations avec les hommes que le préjugé lui rendait inférieurs une charité et une bienveillance à toute épreuve. Il ne fit en cela qu'imiter sa
sœur et son beau-frère, dont les idées et les actions
généreuses semblèrent d'un siècle en avant du temps
misérable et condamné où nous vivons.

Marsillat avait reçu une dure leçon. Il se corrigea
du libertinage; mais il avait le fond de l'âme trop égoïste
pour ne pas remplacer cette mauvaise passion par une
autre. L'ambition politique devint le stimulant de son
intelligence et la chimère de sa vie.

FIN DU TROISIÈME ET DERNIER VOLUME.

www.ingramcontent.com/pod-product-compliance
Lightning Source LLC
Chambersburg PA
CBHW052047090426
42739CB00010B/2084